中国高校高水平运动队发展的实证研究

闫 燕 朱晓峰 著

同济大学出版社
TONGJI UNIVERSITY PRESS
·上海·

图书在版编目(CIP)数据

中国高校高水平运动队发展的实证研究 / 闫燕，朱晓峰著. -- 上海：同济大学出版社，2023.12

ISBN 978-7-5765-0922-9

Ⅰ.①中… Ⅱ.①闫…②朱… Ⅲ.①高等学校—运动队—研究—中国 Ⅳ.①G812.5

中国国家版本馆 CIP 数据核字(2023)第 193438 号

中国高校高水平运动队发展的实证研究

闫 燕 朱晓峰 **著**

责任编辑 张 睿 **责任校对** 徐春莲 **封面设计** 陈益平

出版发行 同济大学出版社 www.tongjipress.com.cn
(地址:上海市四平路 1239 号 邮编:200092 电话:021-65985622)
经　　销 全国各地新华书店
印　　刷 苏州市古得堡数码印刷有限公司
开　　本 889mm×1194mm 1/32
印　　张 6.375
字　　数 138 000
版　　次 2023 年 12 月第 1 版
印　　次 2023 年 12 月第 1 次印刷
书　　号 ISBN 978-7-5765-0922-9

定　　价 48.00 元

前言 / PREFACE

随着社会主义市场经济体制的不断完善，特别是党的十八届三中全会作出进一步深化改革的决定，高校高水平运动队作为我国竞技体育人才培养模式改革的新尝试，其实质是一方面把竞技体育人才培养融入拥有深厚文化底蕴的校园之中，开辟一条培养德智体美劳全面发展竞技体育人才的新途径；另一方面也以此推动大学体育的改革和发展。所以，加快高校高水平运动队的建设发展，努力构建与国际接轨、与教育改革相配套的高水平运动队的科学管理体系，这不仅是国家竞技体育体制改革，还是竞技体育持续健康发展的需要，也是加快大学体育自身发展的需要。

本书以体育社会学、管理学、运动训练学和统计学等多学科理论为支撑，主要通过文献资料法、专家访谈法、问卷调查法、案例分析法、内容分析法和统计分析法等研究方法，旨在研究我国高校举办高水平运动队的发展策略，探索一条既适应社会主义市场经济体制、又符合高校办学规律、也满足竞技体育改革需要的高水平运动队发展之路。

主要研究结论如下：

(1) 总结37年以来高校高水平运动队建设所取得的成绩与经验，发现目前高校高水平运动队发展中存在的主要问题，包括：发展定位有待进一步匡正，受现有竞技体育体制的制约有待逐步得到解除，举办高校高水平运动队的理念有待强化，高校高水平运动队的运动员身份有待明确界定，高水平运动队的教练水平有待提升，高校高水平运动队后备人才生源有待优化，对高校高水平运动队的保障有待加强。

(2) 按照2005年教育部和国家体育总局文件精神，在整个高校高水平运动队的建设过程中需要稳步扩大规模，努力提升办队质量，同时应当充分顾及体育院校的高水平运动队，将其作为高校高水平运动队的重要组成部分统一进行规划和建设，不能因为隶属和注册关系不同，而将其排斥在外。

(3) 我国高校高水平运动队的持续发展应当遵循自身发展的规律性特征，紧密依靠和联系省市经济、社会和教育事业的发展。这些规律性特征是指选项符合运动项目年龄规律、符合大学生体育兴趣而广受青睐、符合大学生群体的基本特点，运动训练具有鲜明的“集约型”“知识型”“科技型”特点，目标指向培养德智体美劳全面发展的优秀竞技人才。

(4) 要加快推进高校高水平运动队的建设，关键在于坚持改革创新。对于政府部门，需要制度创新，为高校建设高水平运动队营造良好的社会发展环境，赋予高校相应的自主权和给予一定的优惠政策；高校也需更新观念，充分认识高校举办高水平运动队的意义和作用，遵循举办高校高水平运动队的规律，准确定位，力争建设一支真正高水平的运动队，成为学校的传统强项和品牌。

（5）高校高水平运动队的发展目标定位：培养“知识型”“文化型”的优秀竞技人才，引领校内学生体育活动开展，增强师生的向心力，服务学校发展目标。

（6）高校高水平运动队的学生运动员身份定位：具有该校在籍全日制本科生或研究生身份、职业前、没有固定工资收入的大学生。

（7）高校高水平运动队的体育项目定位：备受本校师生喜爱并逐步发展成为本校的传统强项，符合体育项目自身的年龄规律，符合高等院校学生的特点，充分顾及国家和省市竞技体育发展的战略需要，充分顾及可能在中小学普及开展的项目。

（8）高校高水平运动队发展模式：体制内和体制外。体制外模式是今后高校高水平运动队发展的目标模式，但在目前的大环境下，尚难对两种运作模式的适宜性作出确切的判断，仍需要实践探索和尝试。同时，受大学生年龄、运动项目的可推广特点等因素的制约，高校高水平运动队目前仍然难以解决大多数项目专业运动队退出机制的问题。

目录 / CONTENTS

第1章 导 言

1.1 选题依据

20世纪50年代形成的具有中国特色的竞技体育管理体制——举国体制，作为中国竞技体育发展的重要保障，几十年来为我国运动员在国际竞技舞台上创造优异成绩和竞技体育事业的快速发展作出了重要贡献。这一体制的成功反映了它在一定程度上符合现代竞技体育发展的规律，因此在国内媒体对其提出质疑的同时，却得到了不少国家如澳大利亚、法国等的认可和借鉴。

随着社会主义市场经济体制的日益健全完善，这一带有比较浓厚计划经济色彩的竞技体育举国体制暴露出越来越明显的弊端，主要表现为：第一，直接由政府部门办竞技体育，管办不分离，成为竞技体育中出现腐败不公现象的主要根源之一；第二，垄断绝大部分竞技体育资源、参赛权和处分权，使得企业、高校和其他社会机构实际上无法涉足绝大多数奥运项目的发展；第三，造成竞技体育和群众体育之间在人财物和科技保障等方面的极大不平衡。由此出现了一方面我国运动员在奥运会上成绩卓著，另一方面青少年体质连年下降的尴尬局面。竞技体育的奖牌数代表了一个国家经济政治的综合实力，而整个国民的健康体质和接受教育的普及程度才是一个国家、一个民族可持续发展的核心动力源。

随着社会主义市场经济体制的不断完善，特别是党的十八届三中全会作出进一步深化改革的决定，对“举国体制”既要坚持，确保我国运动员在各项国际重大体育赛事中的优势地位，又要深化改革，以适应国家经济、政治、社会、文化发展的需要，是当前面临的一项重要课题。

现代奥林匹克运动创始人顾拜旦从来就提倡通过教育来解决人的全面发展和改善社会问题。萨马兰奇 1996 年指出：“21 世纪世界各大洲竞技体育发展仍不平衡，走学院之路将是总趋势。美国六七十年代开始重视高校运动员培养问题，许多运动员的水平不低于国家队。”[①] 参加历届奥运会的美国代表团中有不少运动员来自高校。

体育是大学高等教育的重要组成部分，高校高水平运动队作为我国竞技体育人才培养模式改革的新尝试，其实质是一方面把竞技体育人才培养融入拥有深厚文化底蕴的校园之中，开辟一条培养德智体美劳全面发展竞技体育人才的新途径；另一方面也依此推动大学体育的改革和发展。所以加快高校高水平运动队的建设发展，努力构建与国际接轨、与教育改革相配套的高水平运动队科学管理体系，这不仅是国家竞技体育体制改革，还是竞技体育持续健康发展的需要，也是加快大学体育自身发展的需要。

---

① 俞世军，文静. 高校高水平运动队的 SWOT 分析及发展策略[J]. 黑龙江高教研究，2008(4)：66-68.

自 1986 年我国高校开展高水平运动队试点工作以来，普通高等学校勇于探索，使高等学校学生运动员的技术水平有了一定程度的提高，为国家培养了一批优秀体育人才，同时也推动了普通高等学校体育工作的全面发展。到 2005 年招收高水平运动员的高校已达 235 所。2010 年，教育部对全国高校高水平运动队的建设发展组织了新一轮评估。在评估的基础上高校高水平运动队的规模继续有所扩大，达到 272 所。2019 年已达到 287 所高校举办高水平运动队。截至当前，高水平运动队建设高校在数量上逐渐趋于稳定。

审视高校举办高水平运动队三十多年的发展历程，发现目前高校高水平运动队在举办理念、目标定位和具体实施中尚存在一定的偏差和困扰，影响了高校高水平运动队的持续健康发展。

思考高校高水平运动队出现的问题及今后的发展方向，根据我国国情提出适应社会主义市场经济体制下切实可行的未来发展策略与运行方案，已经成为涉及中国竞技体育能否实现可持续发展的关键。值此 21 世纪新的发展机遇之际，普通高校运动员的培养与管理也必然发生相应的变化，培养既有优秀思想品质和现代科学文化知识，又具有高水平运动能力的双向型人才，是新世纪高校高水平运动队发展的必然趋势。对我国高校高水平运动队如何发展进行研究就显得非常迫切和急需，以保证高校高水平运动队朝着更快、更高、更强、更健康的方向发展。

1.1.1　竞技体育体制改革的需要

随着党的十八届三中全会《关于全面深化改革若干重大问

题的决定》（以下简称《决定》）的颁布实施，竞技体育体制改革的时间节点越来越临近了。尽管尚未出台具体改革方案，学者们对改革的具体走向众说纷纭，但是有一点是有共识的，就是由体育行政部门一家办竞技体育的格局必须打破，应当由学校、企业和社会共同参与，各级各类学校在竞技人才和竞技后备人才的培养方面应当发挥重要作用，特别是高校办高水平运动队将是竞技体育转型的重要途径之一。

自 1986 年试办高校高水平运动队以来，普通高校自主培养了一批优秀的学生运动员。其中具有代表性的，如清华大学的短跑运动员胡凯，获 2004 年全国田径大奖赛总决赛 100 米、200 米冠军；2005 年全国田径锦标赛男子 100 米冠军，2005 年 5 月泰国田径公开赛 100 米冠军，2005 年第 23 届伊兹密尔世界大学生运动会 100 米冠军，2005 年 10 月十运会男子 100 米银牌，2005 年央视年度体坛十大风云人物，2005 年 11 月 1 日东亚运动会 100 米金牌；2006 年全国室内田径锦标赛北京站男子 60 米冠军，2006 年度中国十佳劳伦斯冠军奖新人得主。又如复旦大学新闻学院二年级研究生、中跑运动员赵婧，获得第十二届全运会女子 1 500 米、800 米“双冠王”，她仅用了四年的时间便实现了国内赛事的大满贯（全运会冠军、全国田径锦标赛冠军、全国田径冠军赛冠军）；华东理工大学乒乓球运动员帖雅娜，2001 年夺得大运会女单、混双和团体三枚金牌，2002 年亚运会代表香港队与张钰合作，夺得混双冠军，2009 年夺得东亚运动会乒乓球女团金牌。再如 2023 年广东工业大学战胜清华大学，夺得第 25 届中国大学生篮球联赛（CUBAL）男子一级联赛全国总决赛冠军，创造了历史，这所高校培养了易建联、杜锋、朱芳雨等一批本土篮球人才。

上海目前有18所高校举办高水平运动队。除上海交通大学篮球队和复旦大学男子排球队（曾进入全国甲级队行列）取得过较优异成绩以外，华东理工大学乒乓球队已经是国内乒乓球超级联赛中的一支强队。

尽管目前这样的成功案例数量有限，但仍能证明高校的学生运动员，通过“业余”的专业化训练和科学合理的安排同样有可能在国际国内竞技舞台上创造优异运动成绩。这就成为本书研究的依据之一。

1.1.2　学校体育自身发展的需要

众所周知，我国青少年体质健康水平连续25年出现下降，大学生的体质健康水平也不容乐观。尽管在中共中央、国务院《关于加强青少年体育增强青少年体质的意见》（中发〔2007〕7号）的指引下，各级教育部门和体育部门通过积极努力，青少年体质健康水平下降趋势有所缓解，但是要从整体上改变这一状况，仍需要方方面面坚持不懈、共同努力。

《决定》明确指出：“强化体育课和课外锻炼，促进青少年身心健康、体魄强健。”这为我国学校体育的改革指明了方向，为学校体育的发展提供了难得的机遇和挑战。它是教育综合改革的重要组成部分，既指明了学校体育教育改革的目标，也强调了学校体育教育改革的手段。

高校高水平运动队是高校体育的重要组成部分，它对高校体育的作用如下：一方面表现在代表国家、所在省市或学校参赛并在国际国内重要体育赛事中取得优异运动成绩；另一方面作为高校体育的领头羊，在展示学校的形象和精神面貌，激励和带动本校普通学生积极参加体育活动，促进学生良好的意志品质的形成和集体主义精神的培养，丰富校园文化等方面具有不可替代的作用。如每年如火如荼的中国大学生篮球联赛，激发了更多的普通大学生对篮球运动的兴趣和爱好。他们不仅作为球迷，同样作为篮球运动的积极参加者，享受体育运动带来的快乐，而且逐步养成参加体育锻炼的习惯和健康生活方式，达到强身健体、愉悦身心的目的。

自20世纪50年代开始，我国一些著名高校就开始举办高水平运动队，如当年上海交通大学篮球队、复旦大学排球队、同济大学足球队和华东纺织工学院足球队等，都曾达到当时全国乙级甚至甲级队的水平。在调查中发现，当年这些高校传统强项的运动队水平比较高，在校内不仅受到普通大学生广泛关注，每逢校队比赛，大学生观众的观赏热情十分高，而且这些传统强项在普通大学生中的普及程度很高，运动技术水平也很高。

在调查中同样发现，目前在校内受本校大学生关注、对大学生体育活动产生积极影响的高校高水平运动队并不占多数，相当数量的高水平运动队甚至不为本校大学生所知。这就说明高校高水平运动队的定位和方针都存在一定偏差。

由此可见，当前面临的高校体育改革中高校高水平运动队既面对不断提高竞技运动水平，完成训练和比赛的任务，又面向推动全体学生积极参加和关注体育活动的使命，是一个值得深入研究的课题，这同样成为本书研究的依据之一。

1.1.3　进一步深入研究的需要

在现有的文献资料中，特别是自 2007 年以来关于高校高水平运动队方面的研究逐渐增多。这些研究主要针对高校举办高水平运动队的建设和发展现状、存在的困惑或问题，以及相应的对策建议等方面。但是从现有研究来看，还存在着一定的不足，主要表现在：第一，具有局限性。基本上局限在把高校办高水平运动队视为逐步替代专业运动员培养体制的组成部分。第二，缺乏宏观研究。缺乏从高校体育的战略发展和深化改革的宏观层面展开研究。

切实解决好高校高水平运动队的持续快速发展不仅是我国竞技体育体制改革发展，还是高校体育自身改革发展的需要，因此仍有进一步深化改革的必要性。

1.2　研究目的、任务和对象

1.2.1　研究目的

本书旨在研究我国高校举办高水平运动队的发展策略，探索一条既适应社会主义市场经济体制、又符合高校办学规律、也满足竞技体育改革需要的高水平运动队发展之路。

1.2.2　研究任务

（1）对我国高校举办高水平运动队的目的、目标、任务、路径和相应措施等进行调查，针对其中突出的成功案例进行重点调查、访谈，以获得研究的第一手资料，并归纳出适合高校校情的不同类型。

（2）了解发达国家大学竞技体育发展现状，特别是美国高校举办高水平运动队的目的、目标、任务、路径和相应措施，收集典型案例，并将其与我国相应情况进行比较研究。

（3）按照科学发展观的要求，结合教育系统和体育系统承担的竞技体育任务，从高校的使命和实际情况出发，提出高校举办高水平运动队发展的目的、目标、任务、路径和需要采取的措施方案。

1.2.3 研究对象

本书以我国高校高水平运动队的发展策略作为研究对象。运用体育社会学、管理学、运动训练学和统计学等相关学科理论，在汲取前人研究成果的基础上，通过周密的调查研究和案例分析，提出符合实际的发展策略，为行政部门和高校举办高水平运动队提供参考依据。

1.3 研究假设

（1）高校高水平运动队的持续发展首先应当遵循自身发展的规律，同时应当紧密依靠和联系省市经济、社会和教育事业的发展，这是高校高水平运动队持续发展的必要前提。

（2）即使不包括职业俱乐部运动队在内，受大学生年龄、运动项目的可推广特点等因素的制约，借助于高校高水平运动队仍然难以解决目前大多数项目专业运动队退出机制的问题。

1.4　研究方法和工作组织

1.4.1　研究方法

本书力求做到定量和定性研究相结合，理论分析与实证研究相结合，在整个论文实施过程中遵循提出问题—初步构思—初步验证—进一步调整—全面验证的步骤，结合本书所要解决的主要问题，采用文献资料法、专家访谈法、问卷调查法、案例分析法、内容分析法和统计分析法等研究方法开展研究。

1）文献资料法

通过在上海图书馆、上海体育学院图书馆查阅国内外有关社会学、管理学及人才培养方面的相关著作、学术期刊和学位论文，了解了与本研究相关的背景资料。通过对上海体育科学研究所数据库（SPORTS）、中国期刊网数据库（CNKI）、GOOGLE 和百度搜索，检索到“高校高水平运动队”（1986—2022 年）相关学术期刊文章 1 248 篇、学位论文 354 篇。2000 年以前每年期刊和学位论文少于 40 篇，2000 年以后相关研究逐年增多，考虑到研究成果的价值与更新以及时间关系，把研究范围锁定在 2000—2022 年之间。

2）专家访谈法

针对本书研究的内容，对国家及地方教育部门、体育部门相关的管理者、学校体育专家、高校负责体育的领导及高层管理人员，以及高校高水平运动队教练员等专家 37 人进行访谈（表 1-1）。

表 1-1 专家访谈名单

序号	姓名	职务
1	杨××	教育部学生体育协会联合秘书处秘书长，中国大学生体育协会副主席
2	杨××	教育部体育卫生与艺术教育司原司长
3	刘××	教育部体育卫生与艺术教育司体育处副处长
4	李××	上海市教育委员会原副主任
5	王××	上海市教育委员会体卫艺科处处长
6	柏 ×	上海市教育委员会体卫艺科处主任科员
7	陈××	上海市体育局副局长
8	郭 ×	上海市体育局副局长
9	曹××	上海市体育局竞体处处长
10	顾 ×	上海市体育局青少年训练中心主任
11	仇 ×	清华大学体育部党委书记
12	于 ×	清华大学跳水队教练
13	李 ×	清华大学田径队教练
14	刘 ×	清华大学体育部副主任
15	丁 ×	中国农业大学体育与艺术教学部副主任
16	束××	中国农业大学体育与艺术教学部副主任
17	郑××	中国农业大学橄榄球队主教练
18	李××	中国农业大学橄榄球队教练
19	韩××	中国农业大学橄榄球队教练
20	平 ×	上海体育学院副院长
21	张 ×	中国乒乓球学院常务副院长
22	李××	中国乒乓球学院副院长、书记

（续表）

序号	姓名	职务
23	李××	上海金融学院体育部副主任
24	劳××	上海金融学院花剑队教练
25	崔××	上海对外贸易学院体育教学部主任
26	张××	上海对外贸易学院冰壶队主教练
27	汪××	华东师范大学体育与健康学院院长
28	季　×	华东师范大学体育与健康学院党委书记
29	周　×	华东师范大学健美操队教练
30	王　×	华东理工大学体育科学与工程学院院长
31	臧××	华东理工大学乒乓球俱乐部主教练
32	王××	复旦大学体育教学部主任
33	方　×	复旦大学男子排球队教练
34	孙××	上海交通大学教授
35	毛××	上海交通大学体育部主任
36	游××	同济大学体育教学部主任
37	陶××	同济大学足球队主教练

注：访谈时间为2012年9—12月。

3）问卷调查法

问卷设计以理论构思作为出发点，围绕理论思路和目的安排问卷的内容与形式。在本研究中，笔者按照研究的问题和假设，并参考国内外相关研究结果，针对开展高水平运动队的高校领导专家、高校教师（带队教练员、体育老师与非体育老师）、高校学生（普通学生、运动员学生）设计三套调查问卷。

问卷内容涉及了解目前开展现状、高水平运动队发展的目标定位、项目设置、内动力、影响因素、管理体制、竞赛体制，以及不同调查对象对高校开展高水平运动队的认知观点等诸多方面的内容。

由上海体育学院 5 名教授对问卷的内容和结构进行了效度检验。从检验结果来看，专家一致认可本问卷内容和结构的有效性（表 1-2）。

表 1-2　问卷效度检验表

问卷		非常有效	比较有效	一般	不太有效	无效
高校领导专家问卷	内容效度	0	5	0	0	0
	结构效度	0	5	0	0	0
高校教师问卷	内容效度	0	5	0	0	0
	结构效度	0	5	0	0	0
高校学生问卷	内容效度	0	5	0	0	0
	结构效度	0	5	0	0	0

信度检验是通过再测信度法对上海 3 所高校（每所高校领导专家 2 人、高校教师 10 人、高校学生 30 人），累计 126 人，用相同问卷间隔 2 周后进行重测，两次调查结果的相关系数为 $R=0.83$。

按照中国地理位置以华北、东北、华东、中南、西南、西北地区具有代表性的试办高水平运动队的高校作为调查对象，每个地区随机抽取不少于 5 所高校，同时，将上海高校高水平运动队作为研究重点，对 33 所高校进行调查研究（表 1-3）。

表 1-3　问卷调查高校名单

地区	高校数	高校
华北	5	中国人民大学、中国农业大学、北京大学、清华大学、山西财经大学
东北	5	沈阳工业大学、沈阳建筑大学、吉林大学、吉林农业大学、哈尔滨工程大学
华东	7	上海交通大学、华东师范大学、上海大学、复旦大学、华东理工大学、宁波大学、南昌大学
中南	6	河南理工大学、中南大学、中山大学、广西大学、广西民族大学、广东工业大学
西南	5	西南交通大学、电子科技大学、贵州大学、重庆大学、重庆邮电大学
西北	5	西安工业大学、西安交通大学、陕西师范大学、新疆大学、新疆财经大学

问卷发放和回收时间为 2012 年 9 月至 2013 年 2 月，其中发放高校领导专家问卷 66 份、高校教师问卷 330 份和高校学生问卷 990 份，累计发放问卷 1 386 份。回收高校领导专家有效问卷 64 份、高校教师有效问卷 306 份（其中带队教练员 154 份、体育老师与非体育老师 152 份）、高校学生有效问卷 945 份（其中运动员学生 313 份、普通学生 632 份），回收率分别为 97%、93%、95%。

问卷调查时间已过去较长时间，但高校高水平运动队暴露的问题依然存在，就目前共性的现状问题结合实地调研深入细致地研究与分析，为本书研究打下坚实的实践基础。

4）案例分析法

本书对在举办高校高水平运动队方面具有特色的中国农业大学橄榄球运动队、清华大学跳水运动队、华东理工大学乒乓球运动队、华东师范大学健美操运动队、上海金融学院击剑运动队、上海对外贸易学院冰壶运动队、上海体育学院中国乒乓球学院7所高校进行个案研究。按照办队目标、主要任务和运作方式（含管理模式、学生运动员情况、教练员情况、训练情况、竞赛情况、经费情况、科技保障和主要问题八个要素）进行分析，力图揭示具有共性的方面，探求解决问题的具体实施方案。

5）内容分析法

针对本书研究的相关政策、文件内容进行客观、系统量化描述与分析，分别从不同侧面对搜集文件内容所包含的信息和知识进行加工处理与分析，从而得出相应的研究结论。

6）统计分析法

本书主要通过SPSS统计分析软件和Excel办公软件对所采集的数据进行分析，具体方法涉及描述性统计、信度检验、相关分析、T检验等，从数据的分析结果中，寻求研究变量之间的相互关系，作为理论分析的依据。

1.4.2 研究工作组织脉络

本书研究工作组织脉络如图1-1所示。

1.5 本书框架和内容安排

本书框架和内容安排如图1-2所示。

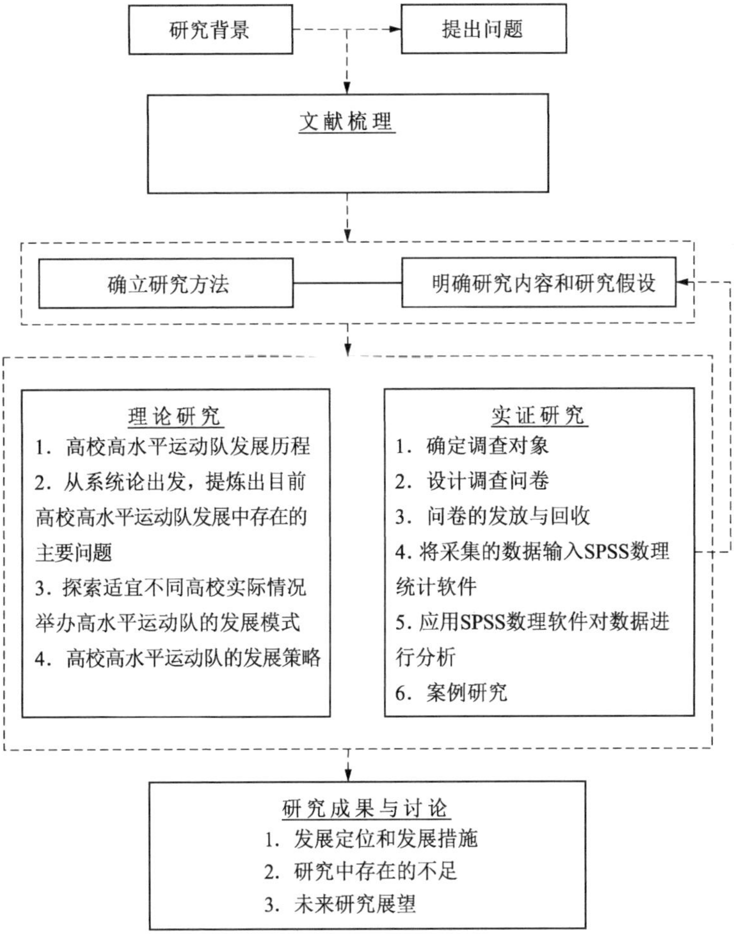

图 1-1 研究工作组织脉络

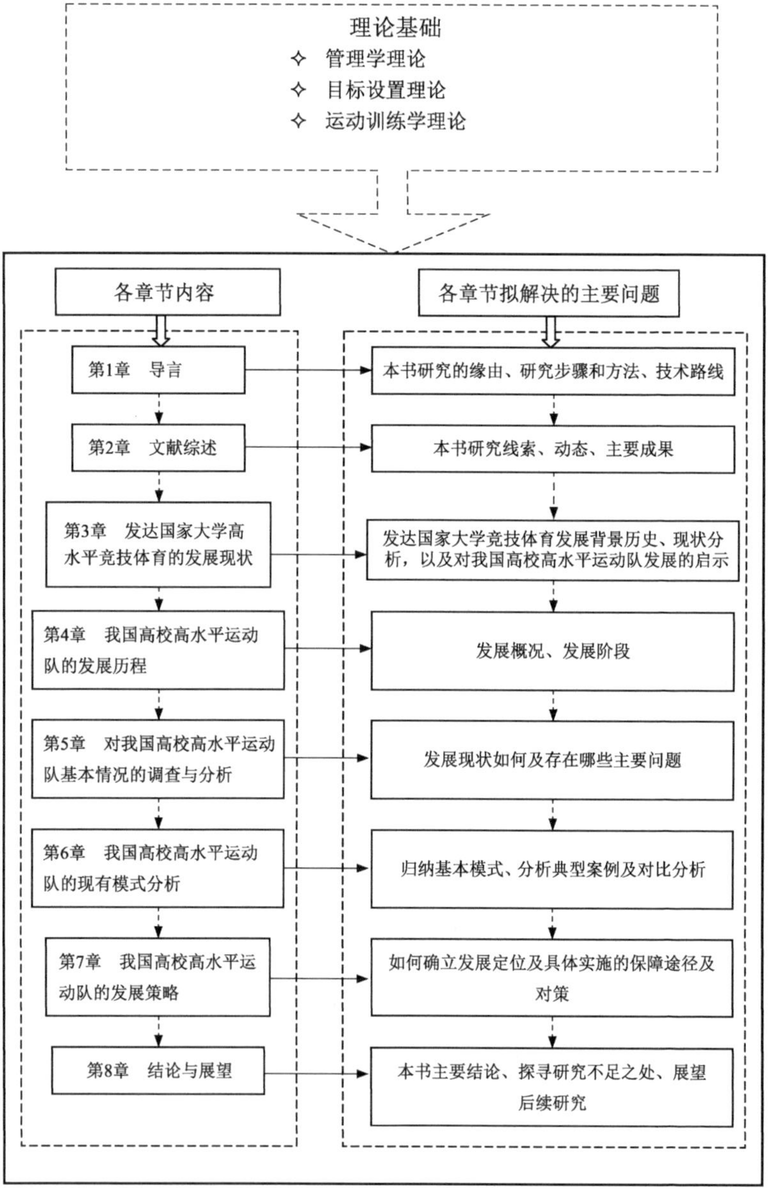

图 1-2　本书框架和主要内容

1.6 可能的创新点与难点

1.6.1 可能的创新点

（1）本书力图揭示的高校高水平运动队自身发展的规律性特征应当是主要的创新点。这些规律性特征应当成为高校高水平运动队持续发展的客观依据。

（2）本书选择6所高校高水平运动队作为案例分析对象，通过实地深入调研进行实证研究，并从中区分不同类型，作为建议，力图揭示具有共性的方面，探求解决问题的具体实施方案，为其他高校提供有实践依据的参考。

1.6.2 研究难点

（1）虽然“体教结合”已提出多年，但理论上欠成熟，造成不同行政部门从各自立场出发对其有不同的理解和解释，这为本书在确立研究内容和选取研究指标上带来了一定的难度。

（2）虽然本书选取的样本数符合统计学的要求，但是对于举办高水平运动队的所有高校来说，可能仍然是一个不大的样本，因此对于影响因子众多的高校高水平运动队来说，难免“挂一漏万”。希望在今后的继续研究中得到补充和修正。

（3）为了构建具有本土意义的高校办高水平运动队发展定位，本书采取开放式调研收集定性数据，通过完全归纳性分析得出特征变量。归纳性分析是把握本土情境的丰富内涵并发展管理的一个有效途径，同时也是拓展已有理论知识甚至是建立新知识的必要步骤。完全归纳性分析要求研究者具备从大量具有高度情境特征的数据中抽象概括的能力，加之国内还鲜有学者采用此分析来进行科学研究，可供借鉴的方法和实例相对较少，造成本书相关研究的一定难度。

第2章 文献综述

2.1 关于高水平运动队、“体教结合”的内涵讨论

2.1.1 高水平运动队的内涵

归纳分析已有的对高校高水平运动队内涵的界定，一般分为以下几种情况。

刘海元（2003）[①] 把我国自从1986年以来，在普通高等院校培养高水平体育运动员的这一现象称为高水平运动队。“高”应该是指竞技水平高，“高”在运动训练中的科技含量和知识水平，“高”到全国领先、国际先进的程度。这才是试办和建立高水平运动队的目的和初衷[②]。

清华大学陈希（2002）[③] 认为，高水平应该有两个层次：一个是能代表学校参加省市运动会，带动学校群众体育活动开

---

① 刘海元. 大学竞技体育的发展呼唤战略性的研究[J]. 西安体育学院学报，2003(2)：34-36.

② 陈松，邵山，许广超，等. 我国普通高校高水平运动队建设发展之思考[J]. 山东体育科技，2004，26(3)：85-87.

③ 陈希. 我国普通高校培养德智体全面发展的国家级学生运动员的试验与研究[R]. 国家社会科学基金项目研究报告，2002：46-76.

展的高水平；另一个是代表国家参加国际性比赛，为国争光的高水平。

杨铁黎、宋尽贤（2005）[①] 认为，“高水平”是相对的。高校培养高水平运动员至少应该分为两个层次的标准：一个层次是相对于一般学生而言的高水平，这部分运动员应该具备较高的专项运动技术水平，由于这些运动员学习和生活在广大学生中间，与同学水乳交融，有很强的渗透性，这部分运动员属群体性的“高水平”；另一个层次是相对于专业运动员而言的高水平，这些运动员具有较好的运动天赋和运动基础，通过科学的训练可以达到专业运动员的水平，这部分运动员属于竞技型的“高水平”。这两种“高水平”都是不可或缺的，他们共同承担着学校体育中不同层次的不同任务，也是各级各类人才能力的体现。

2.1.2 “体教结合”的内涵

“体教结合”是一项很好的举措，提出已经十几年。但是“体教结合”的内涵似乎不十分清晰，它的实质、发展目标是什么，如何有效地予以推进，体育行政部门和教育行政部门对其各有自己的不同理解。

最初，学术研究对“体教结合”的理解认为是体育训练与文化课教育相结合，也有学者认为是体育部门与教育部门相结合。当前普遍的观点是，通过整合体育与教育两个系统的资源，提高效能，形成合力，共同培育竞技体育后备人才。

① 杨铁黎，宋尽贤．我国学校课余体育训练发展战略研究［M］．北京：北京体育大学出版社，2005：10.

“体教结合”的重要内涵不仅仅限于解决优秀运动员的文化课和就业出路问题，还关系到我国竞技体育如何健康、持续、快速、协调的发展①。微观层面的“体”指运动训练，“教”指文化课学习，其实质是发展技能的同时，以培养“智技型”运动员为主。中观层面上“体”指竞技运动，“教”指各类学校，其实质是把竞技体育纳入教育体系，使竞技体育和教育充分融合。宏观层面的“体”指体育管理部门，“教”指教育管理部门，在“以人为本，全面协调和可持续发展”的科学发展指导下，实现体育和教育的高度结合，培养全面、和谐、可持续发展的竞技体育后备人才②。

2.2 高校高水平运动队发展现状及存在问题的研究

高校试办高水平运动队是我国体育后备人才培养的新模式。高校高水平运动队可持续发展是一项任务艰巨、系统性强的工作，只有认真研究并切实解决当前高校高水平运动队面临的问题，才能促进高校竞技体育水平提高，开创普通高校高水平运动队发展的新局面③。学者们对其发展现状及存在的问题主要从以下几个方面进行论述。

① 虞重干，张军献.“体教结合”与高校高水平运动队建设[J].体育科学，2006(6)：79-84.

② 方奇，刘云朝，周建社，等.普通高校高水平运动队建设“体教结合”的新视野[J].首都体育学院学报，2008(2)：35-37.

③ 戴兵，茅善琴，张锦文.当前我国普通高校高水平运动队存在问题与对策研究[J].科技信息，2008(7)：190-197.

2.2.1 目标定位

冯建中（2005）[①] 在清华大学“体教结合：国家视野中的认识与行动”高层论坛上的发言中说，“体育需要教育，教育也需要体育”。高校教育是培养德、智、体全面发展的社会主义建设者和接班人，高校办高水平运动队不能脱离教育的本质，要利用学校这片沃土为竞技体育事业发现和培养运动人才。目标定位是试办高校高水平运动队可持续发展的愿景与方向。目前，国家政策中关于高校高水平运动队的目标定位与学校实际开展情况产生了较大的偏差，对高校举办高水平运动队不同的认识理解和如何根据高校实际情况准确定位，成为高水平运动队健康、有序、协调发展的关键。

清华大学陈希（2002）[②] 认为，高校高水平运动队的目标定位应该分三个层次：一是国内大学生的高水平；二是国内高水平；三是世界大学生甚至世界高水平。刘春忠（2003）[③] 认为，高校成立高水平运动队是我国多形式、多渠道、多层次培养优秀体育人才的一项重要战略措施，旨在提高我国高校体育运动水平，为实现国家奥运战略目标，与国际大学生体育比赛接轨，培养有社会主义觉悟、有科学文化知识、有较高体育运

① 冯建中. 大力推进“体教结合”——在清华大学“体教结合：国家视野中的认识与行动”高层论坛上的发言[J]. 体育科学，2005(2)：3.

② 陈希. 我国普通高校培养德智体全面发展的国家级学生运动员的试验与研究[R]. 国家社会科学基金项目研究报告，2002：46-76.

③ 刘春忠. 浅谈高校高水平运动队面临的问题及对策[J]. 体育科学研究，2003(2)：4-7.

动水平的优秀人才。陈松等（2004）[①] 将高校高水平运动队在竞技层面、教育层面、人才层面、文化层面分别做了定位，其中竞技层面的定位是实现我国大学生竞技体育走向世界大学生运动会的战略目标，实现我国奥运金牌走多元培养高水平体育竞技人才为奥运争光计划服务的战略目标。王亮、裴伟民（2007）[②] 认为，高校既要培养运动员大学生，又要培养大学生运动员，但高水平运动队的目标应当是培养大学生运动员。因此，普通高校培养高水平运动员的终极目标应该是培养德、智、体全面发展，既能为国效力又能服务社会的复合型大学生运动员。

2.2.2　办队模式

目前研究中，高校办高水平运动队主要有以下 4 种模式（表 2-1）。

表 2-1　办队模式主要内容与主要问题

模式类型	主要内容	主要问题
独立办队	高校组建“一条龙”体系，与本地的一些体校或体育重点中学挂钩，从组队、人员编制、队伍管理到经费开支都由学校安排解决，自主招生、培养运动员，训练、文化学习主要集中在高校内部	训练水平起点低，队员不能短时间内参加大型比赛

① 陈松，邵山，许广超，等. 我国普通高校高水平运动队建设发展之思考[J]. 山东体育科技，2004，26(3)：85-87.

② 王亮，裴伟民. 高校高水平运动队“学训关系”的研究[J]. 军事体育进修学院学报，2007(1)：70-72.

（续表）

模式类型	主要内容	主要问题
几所高校联合办队	在教委和体委的协调下，多在某一大赛前，抽调部分高校教练员和部分体委教练员组成教练集体进行集训，以期取得好的成绩	明显存在着运动员科学训练难以保证和短期功利的行为
高校与体工队联合办队	高校与当地省市体育系统合作办队，双方共同负责运动员的选拔、入校、思想教育、文化学习、训练比赛；高校招收体工队队员入学，这些队员既是高校学生又是体工队队员，具有双重身份	可在短期内取得优异成绩，但使体教结合只是停留在表面，在学习、训练、管理方面存在着一些较为困难的实际问题
高校与企业或行业体协联合办队	由热衷体育事业的企业提供资助与高校共同办队，使运动队得以维持、巩固和发展；企业并不直接参与运动队的决策和管理，只是获得社会效益和广告效应	没有形成长期稳定的协议，多数仅仅局限于参加比赛时，高校挂企业的牌子，企业赞助一定的经费

资料来源：曹振康.关于体教结合与学校竞技体育的探讨[J].湖北体育科技，2001,20(4):14-16.

刘凤.高校办高水平运动队发展模式的研究[J].山东体育科技，2005(12):79-80.

此外，随着体育社会化和商业化的发展，企业和高校联合创办高校俱乐部或单项体育俱乐部这种新型模式应运而生，这种模式原来属于学校行政管理体制，吸收部分企业，建立松散的俱乐部董事会，这样改善了原行政结构统得过死、经费不足、缺乏活力的弊病，同时保持学校行政管理体制的主导地位，又吸收企业资金投入学校体育事业，做到活而不乱，保持相对稳定发展①。

① 曹振康.关于体教结合与学校竞技体育的探讨[J].湖北体育科技，2001,20(4)：14-16.

2.2.3　生源与招生

我国高校高水平运动队是在我国竞技体育由举国体制一元实现形式向多元实现形式转型的历史条件下进行的。不同高校因体育传统和办学实力的差异，开展高水平竞技运动项目以及与体育系统合作方式的差异，运动员构成模式不尽相同①。

目前我国高校高水平运动员的来源主要有以下三类：第一类是招收国家队、省市体工队的退役或现役运动员，第二类是招收省市各级业余体校的运动员，第三类是招收普通高中生。我国大学招收高水平运动员是采用了大幅度降分的政策，目的是招收运动级别较高的学生运动员，但是各高校运动级别较高的学生运动员并不多②。虽然各高校对高水平运动员的招生工作都非常重视，但是由于学校招生的自主权较小，招生比例不超过本科招生总数的1%，再加上优秀生源的不足，使得各高校在招生工作上的竞争日益激烈。

2.2.4　学习与训练

学者们普遍认为，文化学习与运动训练是影响高校高水平运动队建设发展最突出的矛盾。学生运动员的双重身份决定了学训矛盾的产生，它直接影响到大学生运动员的全面成长和参与训练的积极性。由于我国高水平运动员的来源多样性，从体工队和业余体校招收的运动员学生的文化底子差，致使大部分

① 陈希，仇军，陈伟强．普通高校高水平运动队运动员来源与构成模式研究[J]．体育科学，2004(5)：1-4.

② 刘海元．中国大学竞技体育的发展研究[D]．北京：北京体育大学，2003.

的学生以牺牲训练时间来弥补文化课的不足①。同时，学生运动员由于参加各种比赛也耽误不少文化课的学习时间，造成运动员学习跟不上，甚至不能顺利拿到学位。这些进而造成部分运动员进入高校后出现了运动成绩下降、训练积极性不高等现象。此外，部分教练员和校领导只注重比赛成绩与高校培养社会所需的高素质人才目标相矛盾；缺乏运动员、教练员必要的激励机制；缺乏科技保障，很少通过训练监控手段实时掌控运动员身体机能状况，没有较好的运动性疲劳恢复手段，膳食营养跟不上，不能保证训练的系统性也是主要问题。

2.2.5 教练员队伍

高水平运动队的发展离不开优秀的教练员队伍。教练员在现代竞技体育中的作用日益突出，教练员作为运动训练的策划者和组织者，对高校竞技体育运动的发展起着核心作用。

从教练员的来源来看，20 世纪 80 年代各高校高水平运动队的教练员均由既能从事体育教学又能从事训练的教师担任；20 世纪 90 年代由专门负责训练的教师担任，20 世纪 90 年代中期以后除专门负责训练的教师外，还聘请了少数优秀运动队的教练员主持训练工作②。即到目前为止，我国的高校高水平教练员仍是由“亦教亦训”的体育教师担任，来源单一③。缺

① 丁海勇，卢玲，虞重干. 从第六届大学生运动会看我国高校高水平运动队[J]. 体育科研，2000(12)：14-16.

② 刘建国，刘雪岩，范秦海，等. 普通高校高水平运动队建设的影响因素与发展对策研究[J]. 高等学校体育，2005，12(2)：66-68.

③ 于振峰，伍勰. 我国普通高校办高水平运动队的现状与对策[J]. 体育科学，1998，18(3)：24-27.

乏从事高水平运动训练的理论与实践经验，还没有形成一支高水平的教练员队伍[①]。繁重的教学和科研任务影响了教练员投入运动训练的精力。还有一些高校教练员经验不足，方法、手段陈旧，使训练不能适应现代竞技体育发展的需要[②]。我国普通高校高水平竞技体育无论是在教练员培养体系上，还是在教练员培养制度上都缺乏有效的运作[③]。大部分高校体育教师与带队教练没有明确的分工，高水平运动队教练员的考核、考评、职称、提升等仍是以教学科研为主，缺乏相应的管理制度和评价标准、方法等，严重阻碍了教练员从事运动训练工作的能动性和积极性的调动。

目前我国高校教练员在构成上主要分为教训训练兼顾型、训练主导型、外聘专职型三种形式。仇军、陈伟强（2002）[④]的研究显示，专职教练员、兼职教练员是普通高校开展高水平竞技体育过程中特有的现象，也是现阶段我国普通高校开展高水平竞技体育教练员构成的主要模式，这种模式将会在今后相当长的一段时间内存在。

刘海元（2003）[⑤]的研究显示，目前高校的教练员以男性居多；年龄均值正处于工作和事业有成的年龄段；学历水平较

① 仇军，陈伟强.普通高校高水平运动队教练员来源与构成模式研究[J].成都体育学院学报，2002(4)：36-39.

② 杨保健，马根旭.我国高校试办高水平运动队的现状与对策[J].山西师大体育学院学报，2002(3)：7-8.

③ 何亚辉，王美.我国普通高校高水平运动队建设现状综述[J].山西师大体育学院学报，2004(3)：63-66.

④ 仇军，陈伟强.普通高校高水平运动队教练员来源与构成模式研究[J].成都体育学院学报，2002(4)：36-39.

⑤ 刘海元.中国大学竞技体育的发展研究[D].北京：北京体育大学，2003.

高；具有一定的科研水平，但是还有相当一部分教练员的科研能力有待提高；运动经历整体情况都不太理想，有的教练员甚至没有任何运动经历，从事训练的年限也不容乐观。再者，高水平教练员队伍缺乏有效的培训机制，致使教练员的水平停滞不前。

2.2.6　项目布局

我国高水平运动队办队高校近年来数量增加明显，办队高校试办项目逐渐增多，传统项目依然是各办队高校试办项目的重点，非传统项目尽管发展较快，但数量仍然较少，试办项目发展不平衡。从办队高校的区域分布上看，我国高校竞技体育的格局发生了较大变化，办队高校在沿海、经济较发达和高等学校集中地区分布的特征仍十分明显。办队高校的城市分布以省会城市为主，而分布在非中心城市的办队高校数量最少。办队高校多重点本科院校，一般普通院校数量相对较少。我国目前办队高校办学层次仍以本科院校为主，高职（专科）院校数量寥寥可数①。

刘海元（2005）② 通过对我国大学竞技体育项目布局进行的研究表明：①区域性布局不均衡。我国开展竞技体育的学校数量有限，仅占高校数量的 25%，但是地域面较广，有 29 个省、自治区、直辖市开展。②布局不合理。在我国大学竞技体

① 王永安，赵忠海. 我国高校高水平运动队区域分布研究[J]. 体育科技文献通报，2008(7)：20-21.

② 刘海元. 我国大学竞技体育项目布局的研究[J]. 北京体育大学学报，2005，28(1)：131-133.

育开展的15个项目中，开展项目排名前6的分别是田径、篮球、排球、足球、游泳和乒乓球；而其他9个项目开展的大学数极为有限。③改革项目布局应首先从我国大学的分布和实力情况来考虑，其次要借鉴我国奥运项目布局的经验，最后要有利于大学竞技体育的整体发展三个方面进行深入考虑。

颜中杰（2006）[①] 通过对2005年我国经教育部批准的102所招收高水平运动员高校的项目设置情况进行分析认为，高水平运动项目的设置存在不合理性，具体表现在：开展竞技体育的大学总量少，各地不均衡，部分项目开展较少；高水平运动队布点数未能服从于我国竞技体育发展大局；高水平运动队布点数未能体现出重点发展优势项目的方针；运动队布点数与世界大赛金牌设置数明显不合理。同时提出运用竞赛杠杆，引导项目发展。

程一军（2004）[②] 认为，大学高水平运动队项目设置不合理之处体现在：①项目设置并未体现出高水平，特别是田径、男子足球、篮球等项目。②众多青少年运动员都热衷于田径和三大球的训练，而真正脱颖而出的少之又少；另一方面，许多高水平运动队（跳水、体操、射击等）却缺乏后备人才，这是人才资源的浪费。③许多大学为办高水平运动队而重复建设、重复投资，这也减慢了优势项目在大学发展的步伐。项目设置一要体现高水平，二要体现普及性。

---

① 颜中杰.关于我国高校高水平运动队项目设置的思考[J].安徽体育科技，2006,27(1)：66-69.

② 程一军.大学高水平运动队发展的新思考[J].河北体育学院学报，2004(9)：17-19.

2.2.7 经费来源

经费投入是建设高水平运动队的物质基础。高校高水平运动队主要是通过学校拨款、学校外行政拨款、自筹资金获取经费。争取学校拨款是当前训练费的主要来源；学校外行政拨款不符合社会的发展，必定被其他形式所取代；自筹资金主要是来自赞助和创收，由于运动队很难与赞助者达成互惠互利的关系，这就形不成队伍稳定的资金来源，其创收也是杯水车薪，不能从根本上解决问题。

周之华、武英满（2004）① 认为，我国的教育经费投入相对偏低，而高校体育经费投入更低，仅占教育经费的 1%。在我国教育经费投入偏低的大前提下，大部分高校能拨给高水平运动队的训练和比赛经费非常有限，提高高校办队的规模和层次面临着巨大的经费困扰，经费短缺是制约我国高水平运动队发展的一个极其重要的因素，必须积极引入市场机制，获取更多的社会发展资金。

2.2.8 场地设施

场地设施资源匮乏制约了高水平运动队水平的提高和发展是许多学者认同的观点。大部分办队学校虽能保证运动队的训练，但普遍存在着运动队训练与普通学生课外活动以及与对外开放的俱乐部活动争场地的现象。实际情况是大部分学校为了照顾运动队的训练，不惜以牺牲普通大学生的体育

① 周之华，武英满．我国高校开展高水平运动队的现状和主要问题及对策的研究[J]．体育科学，2004(1)：58-59.

活动为代价。[①] 另外，体育场馆设施陈旧老化、器材不全、缺乏现代化训练设备是部分高校高水平运动队面临的又一个困境。

2.3　高校高水平运动队管理现状及存在问题的研究

随着市场经济的发展不断加快，试办高水平运动队的力度不断加大，对管理水平提出更高的要求，管理水平的好坏直接影响着高校办队的方向和水平[②]。教育部体育行政主管机构作为我国学校体育工作的最高权力部门，对高校高水平运动队管理没有统一的模式，正式的法规、条例、文件，虽然做了很多具体的规定，但各院校在操作的过程中还是按照本校的实际需要进行一些符合自身要求的操作，高水平运动队建设的检查、监督和评估实施细则不够完善。当前各高校普遍存在着高水平运动员的培养体制、学籍管理、训练与竞赛制度，以及教练员的管理、评价体系和培训、培养、激励机制不够健全等管理方面的问题。而这些问题已严重影响和阻碍了普通高校高水平运动队的高速发展。

詹兴永（2008）[③] 认为，我国普通高校高水平运动队管理研究基本分布在以下四个方面：高校办队的管理体制研究、高

---

① 郑建岳，李建设. 对普通高校办高水平运动队的回顾与探讨[J]. 体育文化导刊，2003(2)：55-57.

② 周之华，武英满. 我国高校开展高水平运动队的现状和主要问题及对策的研究[J]. 首都体育学院学报，2004(3)：56-58.

③ 詹兴永. 我国普通高校高水平运动队管理研究综述[J]. 唐山师范学院学报，2008(9)：91-93.

校办队的人员管理问题研究、高校办队的训练和比赛管理问题研究、高校办队的后勤保障管理问题研究。高校高水平运动队的管理是在主管院长的领导下，建立高水平运动队领导小组（主要由院办、教务处、体育部等有关部门的领导组成）。通常都是由辅导员、教练员、体育部领导分别通过政治思想、学习和生活管理、训练比赛这“三条线”展开工作①。

近年来，不同学者针对存在的问题进行了不同管理理念的革新与尝试研究。李红军、商勇、骆玉峰（2008）② 指出，高校高水平运动队的建设与发展是一个系统工程。高校高水平运动队建设与发展系统结构及各指标权重根据特尔斐调查访问法和 AHP 层次分析法的要求（调查结果集中率达 80% 以上），确定了高校高水平运动队建设与发展系统结构图及系统各指标的合成权重，对高水平运动队建设与发展的人员结构、物质条件、竞技教育过程和信息四个方面展开研究，从而为高校高水平运动队建设与可持续发展提供一套切实可行的管理体制。

唐智明（2007）③ 根据现代管理理论，把高校高水平运动队的运作看成一个系统，然后按照层次划分法将高水平运动队的运行系统定为一级机制，把与之密切相关的运行动力机制、整合协调机制、系统控制机制、运行保障机制、动机激励机制等

① 刘凤. 高校办高水平运动队发展模式的研究[J]. 山东体育科技，2005(12)：79-80.

② 李红军，商勇，骆玉峰. 高校高水平运动队的建设与可持续发展[J]. 山东体育学院学报，2008(9)：85-87.

③ 唐智明. 我国高校高水平运动队系统运行机制及改革与发展思考[J]. 北京体育大学学报，2007，30(1)：87-89.

定为二级机制，在整个高水平运动队系统运动过程中，上述五个二级机制既相对独立又相互联系，共同作用于系统运动目标。

赵广涛（2009）[1] 提出，信息资源概念的兴起使得运动队管理者对信息这一重要的战略资源有了新的认识：信息才是最重要的战略，并且构成高水平运动队的长期竞争优势。对核心信息、先进信息和革新信息缺口进行正确分析是确定信息战略的基础。高水平运动队就要将其战略管理与信息管理协调起来，培育开发、利用竞争战略信息的能力。要达到这个目的，高水平运动队必须从战略的高度来评估其信息资源，根据本专项的信息战略环境选择适当的信息战略，努力推动信息战略的实施，填补信息缺口，培养良性的信息创新、管理和应用机制。

于溪海（2004）[2] 指出，将高水平运动队的管理融入高校体育文化建设中去，利用二者的优势，将二者结合起来，以高水平运动队展示高校体育文化，以高校体育文化促进高水平运动队管理。只有积极调动各种文化要素，充分发挥它们的功用，才能塑造出先进、优秀的高校体育文化。

未来我国高校高水平运动队的管理必须坚持“以人为本”的管理理念。坚持把“以人为本”作为高校高水平运动队的管理理念是高校高水平运动队的出发点和归宿[3]。郑建岳、周奕

---

① 赵广涛. 高水平运动队信息战略管理研究[J]. 河南教育学院学报，2009(5)：53-55.

② 于溪海. 高校体育文化探析——兼谈高水平运动队管理观念的革新[J]. 山东体育科技，2004(2)：84-86.

③ 李安娜. 人本管理理念在高校高水平运动队中的运用[J]. 体育文化导刊，2004(10)：57-59.

君（2006）① 认为，大学高水平运动队管理方式的发展趋势，是以运动员为本，充分发挥运动员的智慧和才能，使管理进入更高层次和更高境界。提出了大学高水平运动队参与式管理的建议。确立新的管理思想，不是单靠行政命令和强制措施来进行控制，而是以共同的奋斗目标，细致的思想工作，正确的决策以及以身作则、言传身教、积极调动运动员的运动性和创造性，最终取得优异的成绩。

段长波、苏文涛（2003）② 认为，在高校运动训练的组织管理和控制中，需要组织机构的所有人员为之协调配合才能最终实现目标管理与控制，这就要求各组织机构人员不但要精通本专业的业务，还应看到当前高科技对体育产生的重大影响。行政领导的决定作用，以及科学的训练手段和方法是高校办好高水平运动队的重要保障，这种保障又源于训练系统的组织机构及其同训练有关的各种人物的群体行为的共同作用。

郭晓培、钟秉枢（2022）③ 指出目前的发展困境包括：目标定位有偏差，项目设置未满足需求；部门合力不足，管理、激励、监督机制不健全；学训矛盾突出，学、训、赛难以协调；训练效率较低，人、财、物保障不足；赛事壁垒严重，竞赛项目、机会、平台受限。高校创办高水平运动队是我国未来体育体制改革的发展方向，它有着先进的管理理念、先进的管

---

① 郑建岳，周奕君. 大学高水平运动队管理方案优化的研究[J]. 体育文化导刊，2006(12)：60-63.

② 段长波，苏文涛. 高校高水平运动队运动训练的组织管理和控制的研究[J]. 武汉体育学院学报，2003(7)：158-160.

③ 郭晓培，钟秉枢. 我国高校高水平运动队发展探析[J]. 体育文化导刊，2022(3)：58-64.

理体制、先进的运行机制，必然会为我国未来的体育事业作出应有的贡献①。

2.4　高校高水平运动队发展建设与对策的研究

学者们为使高水平运动队在高校可持续地健康发展，在我国高校高水平运动队开展现状分析的基础上，提出了许多对策和建议。

黄爱峰、刘艳明（2007）② 认为，高校办队应当关注运动员“后竞技”发展，进行生源结构调整，实现教练员定位的转变。高校办队的着力点要抓住新时期学校体育改革为革新高校高水平运动队建设提供的机遇；激发更多高等学校成为繁荣我国竞技体育意识和能力的主体；创设育人为本的办队制度和文化精神氛围；加速竞技体育体制改革，突破“体教结合”的体制性障碍。

戴兵、茅善琴、张锦文（2008）③ 指出：①明确目标，准确定位，培养具有较高素质（思想、道德、文化等）的运动人才、为社会服务是我国普通高校高水平运动队的目标；②改革招生政策和办法，构建合理的运动员培养输送模式；③加快普通高校高水平运动队社会化的进程，创新高水平运动队的发展

① 周健生.未来我国高校高水平运动队管理体制与运行机制的研究[J].首都体育学院学报,2008(7)：49-51.

② 黄爱峰,刘艳明.高校高水平运动队建设的调整与革新[J].中国体育科技,2007(3)：140-143.

③ 戴兵,茅善琴,张锦文.当前我国普通高校高水平运动队存在问题与对策研究[J].科技信息,2008(7)：190-197.

模式，解决场地设施及经费短缺问题；④加强教练员队伍的建设，不断完善和提高教练员队伍的综合能力；⑤拓宽思路，构建高校高水平运动队管理新模式。

盖文亮、武军（2002）[①] 从坚持正确的办队主导思想；建立和完善学校竞技体育监管机制；拓宽生源渠道，完善招生制度；优化建队模式，走多元化道路；建立稳定的高水平教练员队伍；完善运动员学籍管理制度，妥善处理学训结合的矛盾；深化竞赛制度的改革七个方面对我国高等学校竞技体育的发展建设进行了对策研究。

张浩（2008）[②] 从发展路径、可持续发展角度，分析研究高校高水平运动队发展历程、现状、存在问题及今后发展的路径选择。研究指出，高校办队应回归初衷，制定符合高校竞技体育发展特点的制度，包括激励机制、招生、训练、竞赛、教育和监督管理等在内，详细、量化、操作性强的制度体系；高水平运动队在原有路径影响下，定位成为专业运动员退出机制的重要部分。是按照现有方式继续发展，改变最初改革设计，还是跳出原有路径限制，回归最初改革目标，是其今后发展不同的路径选择。

周文军（2009）[③] 从高校高水平运动队可持续发展的内涵着手，提出普通高校高水平运动队发展目标实现条件，认为我

---

① 盖文亮，武军. 对我国高校高水平运动队发展的思考[J]. 西安体育学院学报，2002(4)：23-24.

② 张浩. 高校高水平运动队发展路径选择研究[D]. 北京：北京体育大学，2008.

③ 周文军. 我国普通高校高水平运动队发展动力研究[D]. 福州：福建师范大学，2009.

国普通高校高水平运动队发展动力由发展主体性动力、本源性动力、运行性动力、激发性动力和渗透性动力组成，并建立了未来发展的动力评价指标体系。同时提出发展建议：将普通高校高水平运动队纳入竞技体育系统；拓宽招收高水平运动员入口，多形式多渠道培养普通中小学体育人才；改革完善竞赛机制；实行运动项目基地布局与建设；给运动员创造良好的学习环境；加强教练员队伍建设；促进训练经费投入，扩大办队经费来源渠道；切实关注高水平运动员的学业。

许多学者针对目前高校办高水平运动队存在的主要问题，提出的具体措施有：①走“联合办队”的道路。“联合办队”可以最大限度地发挥双方物质资源的优势，从根本上解决高校办高水平运动队经费短缺的问题[①]；“联合办队”可以最大限度地发挥人才资源的优势，解决生源的问题，解决了教练员队伍建设的问题，也可解决比赛少的问题。②构建大、中、小学“一条龙”学生运动员培养模式。保证学生运动员训练的系统性，形成完善的梯队输送机制。③构建学生运动员学习模式。要解决学生学习、训练、比赛的矛盾，使学生顺利完成学业。刘海元（2003）[②] 提出，延长学生运动员的学习年限，以确保他们能达到国家教育学习标准的要求，同时也使他们学会更多的专业知识，毕业后能胜任工作；向学生提供奖学金，同时进行资格限定，通过这种激励机制与制约的关系来调动学生运动

① 彭雪涵，骆积强，黄衍存，等. 校体联合过渡时期高水平运动队的办学模式[J]. 福建体育科技，2003(12)：38-40.

② 刘海元. 大学竞技体育的发展呼唤战略性的研究[J]. 西安体育学院学报，2003(2)：34-36.

员学习的热情，促进他们学习成绩的提高；限制竞赛资格与提供奖金相结合，合理地引入激励大学生运动员学习和训练的机制，来缓解我国大学竞技体育发展中学生运动员的学训矛盾。④构建教练员来源模式。应实现选拔途径多样化，外聘与培养相结合，短期与长期相结合[①]；要重视高校内部具有教练员潜质的教师的选拔和培养；根据所开展的运动项目引进、聘用专业的教练资源。⑤构建高校高水平运动队全方位的管理模式。丁海勇、卢玲、虞重干（2000）[②] 指出，高校办队目标转向“多层次，多渠道”培养优秀运动员体制的摸索、过渡阶段；尽快制定一套符合我国体制的大学训练体制，为高校高水平运动员的竞技水平提高发挥积极作用。

闫振龙、李咸生、洪流（1997）[③] 认为，高校高水平运动队要走入市场，形成产业，仅靠高校自身的力量远远不够，它需要国家政策上的倾斜，资金上的保障，管理体系与市场接轨，竞争和激励机制要从教育型转化为市场型，在融资和宣传方面要给予特殊优惠，使高校高水平运动队尽早走向体育产业化，与职业体育同步，缩短投入与产出周期，尽早获得经济效益。

姜丽娟（2001）[④] 剖析了高校高水平运动队发展面临的九项挑战和十条建议。

---

① 王志明.高校高水平运动队现状调查与发展对策[J].体育学刊，2008(7)：79-82.

② 丁海勇，卢玲，虞重干.从第六届大学生运动会看我国高校高水平运动队[J].体育科研，2000(12)：14-16.

③ 闫振龙，李咸生，洪流.高水平运动队及其产业化对发展环境独立性的要求[J].山东体育学院学报，1997(3)：68-69.

④ 姜丽娟.普通高校高水平运动队面临的挑战及对策[J].体育学刊，2001，8(3)：46-48.

九项挑战为：①受中国国情的制约；②预设目标与现实间的冲突；③运动竞赛次数太少，不利于调动学校投入运动员训练的积极性；④现行竞技训练体制对高校办队仍有掣肘；⑤项目发展无序，缺乏统筹规划；⑥高校办队缺乏专项训练人才；⑦缺乏客观的操作性强的训练质量评估体系；⑧科研潜势尚未转化为现实优势；⑨训、教不分易导致高校竞技体育和群众体育失衡。

十条建议为：①拓宽招生渠道，改变过去那种只能免试招收优秀退役运动员的被动局面；②合理规划高校高水平运动队的项目发展布局；③迅速改变中国大学生体育协会的运行机制；④缩短竞赛周期，改革竞赛办法；⑤积极引入市场机制，试行俱乐部制的院校办队模式；⑥积极引进竞技训练人才；⑦建立高水平运动队质量评估体系和定期评价制度；⑧加强科技投入，正确引导科技服务方向；⑨加强与体育院校和体育科研单位的合作；⑩实行训、教分离，保证高校竞赛、群体协调发展。

俞世军、文静（2008）① 通过应用SWOT分析法对发展高校高水平运动队提出相应的策略：①采取多种形式构建高水平教练员队伍；②扩大运动员的招生自主权；③制定高校体育竞赛制度；④高校高水平运动队要走市场化、社会化道路；⑤采取灵活的教学管理制度；⑥集中力量发展优势和潜优势项目。

---

① 俞世军，文静. 高校高水平运动队的SWOT分析及发展策略[J]. 黑龙江高教研究，2008(4)：66-68.

郭科明、薛峰（2004）[①] 就如何使高校高水平运动队可持续发展，从四个方面提出相应对策：①各上一级相关职能部门及学校领导，必须对高校办高水平运动队的发展目标和规划，进行认真的研究与决策。②结合自身现有条件，发挥优势，抓好运动队的建设。③既要上“水平”，又要考虑“社会效应”。④学校领导在运动队可持续发展中起关键作用。

叶敬春、李建军（2004）[②] 建议加强对高水平运动队的科学研究，保证该项事业可持续发展；借鉴国外高校办高水平运动队的经验，结合中国的国情，确定具有中国特色的高校办高水平运动队的发展战略、发展目标。高校试办高水平运动队不是权宜之计，也不是一朝一夕的事情，它是一项长期发展的任务，因此，需要精心的谋划与科学的试验，要从管理体制、运作机制和竞争机制各方面去推动与促进高校办高水平运动队这项事业的发展。

薛明扬等（2019）[③] 综合此次评估中发现的问题，以及各学校高水平运动队建设过程中的困惑，提出如下建议：①教育行政机构和高校在意识层面都要高度重视，担起责任；②要完善高水平运动队建设投入保障机制；③完善高水平运动队队员招生制度；④提升高水平运动队教练员能力，强化高水平运动队领队作用；⑤强化高水平运动队日常训练、比赛及相关保障。

---

① 郭科明，薛峰. 关于我国高校高水平运动队可持续发展的研究[J]. 武汉体育学院学报，2004(3)：18-20.

② 叶敬春，李建军. 探讨我国普通高校试办高水平运动队的若干问题[J]. 广州体育学院学报，2004(1)：107-109.

③ 薛明扬，姚颂平，郭蓓，等. 上海市高校高水平运动队建设与管理的现状、问题与对策[J]. 上海教育评估研究，2019(8)：1-4.

2.5　本章小结

众多学者从哲学、社会学、教育学、训练学、经济学、管理学等多个视角，侧重对我国高校高水平运动队的现状与对策、建设与发展、管理问题、训练与竞赛等方面进行了较为深入的研究，为促进我国高校高水平运动队更快、更好地发展起到了相当重要的作用和提供了有益的参考。

通过对三十多年我国高校高水平运动队开展现状的总结，发现先前研究中的不足之处主要有以下几个方面：

（1）对高校开展高水平运动队目标定位认识不清。尽管大部分学者认为普通高校高水平运动队应该为竞技体育服务，为奥运争光服务，但实际上，我国与美国等西方国家在竞技体育管理体制上尚存在较大差异，我国普通高校运动队的实际竞技水平还不高，因此，单一地将其目标定位在“奥运争光”这一层次目前尚不实际。

（2）未意识到高校开展高水平运动队对学校体育、普通大学生自身发展皆有重要促进作用。从目前看，“体教结合”突出解决的是运动员的文化教育问题，但是从长远看，是依据国家和省市经济、社会、文化发展的要求，建立确保学龄运动员在正常接受基础教育和高等教育的前提下培养优秀竞技人才和竞技后备人才的体制。这一体制既符合培养竞技人才的规律，也符合学校全面育人的规律，同时以兴趣为引领，吸引更多的学生参加体育活动，推动学校体育的加快发展。

（3）众多学者对目前我国高校高水平运动队存在的主要问

题，如目标定位不准确、运动员生源差、教练员水平低、经费不足、竞赛次数少、管理体制等问题，提出的针对性建议对策都是宏观理论，实际可操作性差，实质性改善举措少。

（4）目前对高校办高水平运动队的研究仍处于理论探索阶段，缺乏对高校高水平运动队发展的整体、宏观、系统性研究，而正是这种系统发展理论方面的缺失，使其缺乏理论方面的指导，给高校办高水平运动队带来了困难，且没有足够的实证研究为高校高水平运动队发展理论作支撑，在实践上带有盲目性和盲从性。

所以，对高校办高水平运动队的研究需要进一步系统化，学者们所提出的各种改进和完善措施也需要进一步检验和证实。在我国教育改革、体育改革进一步深化发展的新形势下，对我国高校高水平运动队的建设发展如何进行准确定位，如何正确处理学习与训练的关系，如何对学生运动员的身份进行限定，如何让优秀教练员进校园，如何建立完善的管理体制与机制等方面是值得我们深入探索和研究的课题。

第3章 发达国家大学高水平竞技体育的发展现状

3.1 美国大学高水平竞技体育管理体制和运作机制

美国大学高水平竞技体育是指由美国各高等院校开展的，以提高运动水平和获取优异运动成绩为主要目标，以校际体育竞赛为主要内容的竞技体育组织形式。它主要包括两个层面的内容：一是各大学内部高水平运动队的设置、管理和运作，二是校际竞赛活动的组织管理。前者通常由各大学专门成立的竞技体育部（Athletic Department）负责管理，后者主要由以全国大学体育协会（National Collegiate Athletics Association，NCAA）为主的校际体育组织负责管理。

3.1.1 美国大学高水平竞技体育的发展历史

美国最早的大学体育俱乐部是1843年耶鲁大学成立的划船俱乐部。一年后，哈佛大学仿效其成立了自己的划船俱乐部。1852年，两校的赛艇队进行了美国历史上第一次校际体育竞赛。

1859 年，安赫斯特学院和威廉姆斯学院首次进行了校际棒球比赛。

1869 年，第一场校际英式足球比赛在普林斯顿大学和鲁特格斯大学的足球俱乐部间进行。同年，第一场校际美式橄榄球比赛在鲁特格斯大学和普林斯顿大学间进行。

1870 年，哈佛大学棒球队一个赛季进行了 44 场比赛。

1873 年，第一场校际田径比赛举行。

1874 年，第一场校际英式橄榄球比赛在哈佛大学和麦克吉尔大学间进行。

1879 年，美国历史上第一个正式的校际棒球联赛成立。

为统一美式橄榄球比赛规则，减少其对学生运动员的伤害，在时任美国总统的西奥多·罗斯福的推动下，1906 年成立了美国大学校际体育协会（Intercollegiate Athletic Association of the United States，IAAUS），1910 年更名为全国大学生体育协会（NCAA）。经过百余年的发展，NCAA 已成为美国大学高水平竞技体育最重要的管理机构之一。

早期美国大学体育的发展主要由学生特别是学生运动员组织来推动。随着美国娱乐产业的快速发展，在体育商业化、大学招生竞争日趋激烈、优秀高中运动人才数量增加等因素的综合作用下，美国大学体育逐渐出现了分层：第一层是由公共体育部门和体育俱乐部管理的普通学生体育；第二层是由专门的竞技体育部门管理，以参与校际体育竞赛并争取好成绩为主要目标的高水平竞技体育。

目前，美国的大学高水平竞技体育既是美国一部分运动项目最高竞技水平的代表，也是一部分运动项目向更高水平——职业体育过渡的重要阶段（图 3-1）。据统计，2012 年伦敦奥运会美国代表团中大学生运动员达到 457 人，占代表团运动员总数 530 人的 86%（表 3-1）。2020 年参加东京奥运会的美国代表团人数多达 613 人，这一参赛规模仅次于美国主场作战的 1996 年亚特兰大奥运会，成为美国奥运史上规模第二大的代表团，其中包括 91 名美国藤校大学生，分别是普林斯顿大学 23 人、耶鲁大学 18 人、哈佛大学 15 人、哥伦比亚大学 10 人、宾夕法尼亚大学 8 人、布朗大学 6 人、达特茅斯学院 6 人、康奈尔大学 5 人。同时，美国大学每年还为 NFL、NBA、MLB 和 NHL 等职业体育联盟和其他职业体育项目输送大批的运动员。

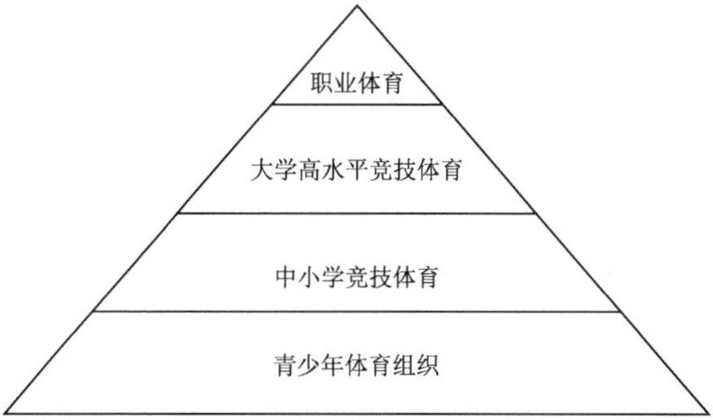

图 3-1　美国高水平竞技体育“金字塔”体系

表 3-1　2012 年伦敦奥运会美国代表团大学生运动员统计表

排名	大学名称	奥运参赛运动员人数
1	南卡罗来纳大学	40
1	斯坦福大学	40

（续表）

排名	大学名称	奥运参赛 运动员人数
3	加州大学伯克利分校	38
4	佛罗里达大学	34
5	奥本大学	27
6	佐治亚大学	25
7	得州农工大学	23
8	亚利桑那大学	21
8	得克萨斯大学奥斯汀分校	21
10	加州大学洛杉矶分校	20
10	密歇根大学	20
10	华盛顿大学	20
13	宾夕法尼亚州立大学	18
14	亚利桑那州立大学	16
14	内布拉斯加-林肯大学	16
16	普林斯顿大学	15
17	佛罗里达州立大学	13
17	路易斯安那州立大学	13
17	北卡罗来纳大学教堂山分校	13
20	南卫理公会大学	12
20	阿肯萨斯大学	12
合计		457

3.1.2 管理体制和运作机制——以 NCAA 为例

66 所高校于 1906 年共同发起成立了美国大学校际体育协会（IAAUS），1910 年更名为全国大学体育协会（NCAA）。NCAA 的主要宗旨是通过开展校际体育竞赛以促使具有运动特长的青少年进入高等学校并完成高等教育，培养参加奥运会、世锦赛、世界杯和洲际赛等大型国际比赛和进入各种系列赛、拉力赛（GRAND PRIX）为代表的世界和美国最高水平职业竞技体育联盟的运动员。NCAA 已经拥有 1 281 所成员学校，根据各自的办学规模、学术水平、地理位置及竞技体育发展水平等多种因素分属于一、二、三等三个不同级别的分会（Division）和 130 个体育联盟（Conference，League 或 Association）。每年有 40 多万名学生运动员参加 23 个项目的校际竞赛，最终产生 88 个全国锦标赛冠军。[①] 各联盟内部的比赛是各大学运动队最主要的比赛形式，而全国锦标赛通常是由各联盟最优秀的队伍参加。在一、二级分会水平上的大部分美国大学都设有运动奖学金，以激励运动员努力学习和训练。[②]

美国大学橄榄球的早期发展是促成 NCAA 诞生的重要因素之一，橄榄球在美国大学体坛一直占有其他任何项目都无可比拟的重要地位。大学橄榄球处于成员学校规模最大、竞技体育综合实力最强的一级分会。根据橄榄球的发展状况，各院校又分为 FBS（橄榄球碗子分会）、FCS（橄榄球锦标赛子分会）和 Non-FB（不设橄榄球的院校）3 个层次。FBS 拥有 11 个联盟，其联赛代表美国大学橄榄球的最高水平，120 支球队通过以联盟内部比赛为主的常规赛以及由各联盟最强队伍参加的多种碗赛（即季后赛）的激烈竞争，并经多家评选机构进行投票评选，最终产生年度全国冠军，整个联赛完全由 FBS 各联盟自主管理，NCAA 并不参与其中。FBS 冠军虽然是全美大学

---

① 池建. 美国大学竞技体育管理[M]. 北京：人民体育出版社，2005：3-75.

② 陈庆熙，潘前. 美国大学竞技体育财政运行模式研究[J]. 南京体育学院学报，2012，26(2)：67-72.

体坛分量最重的橄榄球冠军，但因其产生机制备受质疑，且NCAA不是FBS联赛的管理主体，所以NCAA从不确认哪个学校获得该项殊荣（NCAA每年产生的88个全国团体冠军不包括FBS冠军）。FCS包括14个联盟，旗下各校橄榄球队通过常规赛和全国锦标赛决出全国冠军，其竞技水平和影响力远不如FBS。除橄榄球外，一级分会3层次各院校所有项目都在全国锦标赛一个平台上竞争。①

1）目标设置

目标主要包括：①发起、促进和改善由学生运动员参与的校际体育活动，推动和发展教育领域的领导才能、身体健康、运动水平和作为文娱活动的体育运动参与度；②贯彻执行协会的章程和相关规章制度，确保校际体育活动的统一性；③鼓励会员单位制定执行符合标准的奖学金、运动家精神和业余性质的规章制度；④制定和发布校际体育竞赛规则；⑤保存校际体育竞赛记录；⑥建立可行的标准并监督区域和全国性体育竞赛活动是否符合标准；⑦与其他业余体育组织合作，指导全国性和国际性相关体育竞赛；⑧通过制定规则或开会讨论，对校际体育活动中普遍出现的问题进行管理；⑨对校际体育竞赛的所有相关方面进行研究，确保美国高等院校校际体育活动保持高水平。

2）机构设置

执行委员会是NCAA的最高管理机构，其主要职责包括：①批准和监督协会总体预算及其执行情况；②遴选NCAA主

---

① 陈庆熙，潘前. 美国大学竞技体育财政运行模式研究[J]. 南京体育学院学报，2012，26(2)：67-72.

席；③制定协会整体发展战略；④发现影响协会整体发展的问题；⑤代表协会按照相关政策规定解决影响协会发展的重大问题和其他整体层面的事务；⑥起草和批准规章制度；⑦与三个级别的管理者代表每年至少举行一次会议；⑧与三个级别的政策制定机构每年至少举行一次会议；⑨提起修改协会宪章的动议，供全体会员表决；⑩就任一级整体有违协会宪章及其他基本规章制度精神的行为提起全体会员表决；⑪召集召开年度全体会员大会或特别会议；⑫检查并协调“严重伤害”和“职业生涯”保险项目。1973 年 8 月，NCAA 正式采取三级分级制，将其会员学校划分为Ⅰ级（Division Ⅰ）、Ⅱ级（Division Ⅱ）和Ⅲ级（Division Ⅲ）。如图 3-2、图 3-3、图 3-4 所示。

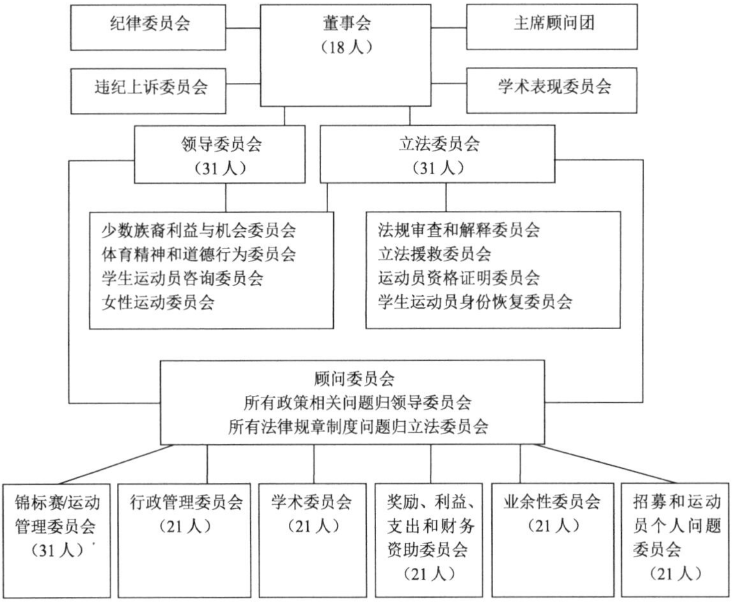

图 3-2　NCAA Ⅰ级管理机构设置示意图

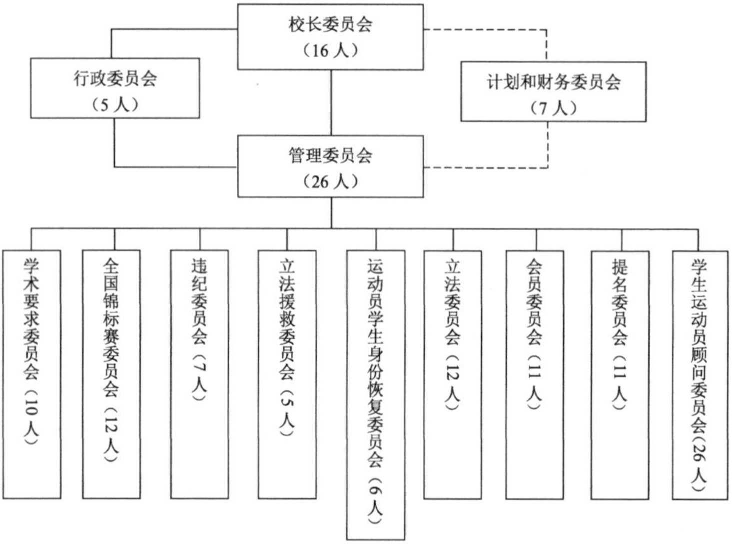

图 3-3　NCAA Ⅱ级管理机构设置示意图

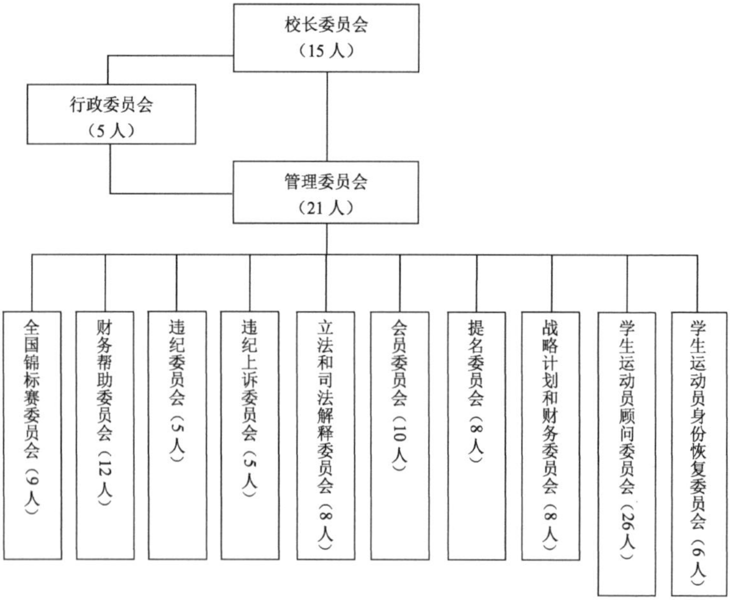

图 3-4　NCAA Ⅲ级管理机构设置示意图

不难看出，美国大学高水平竞技体育自身已经形成了一个三层金字塔体系（图 3-5）。其中，最高层是全国性校际体育组织（NCAA），负责制定和执行全国范围内各会员单位必须遵守的规章制度，直接负责组织全国性的单项锦标赛；中间层是各区域性校际体育联盟，一般为全国性校际体育组织的会员，或者由会员单位组成，负责制定和执行联盟内各会员必须遵守的统一制度和政策，组织联盟内部校际联赛；最基层是各大学，其通常成立专门的竞技体育管理部门来负责管理各运动队和参加校际体育竞赛。

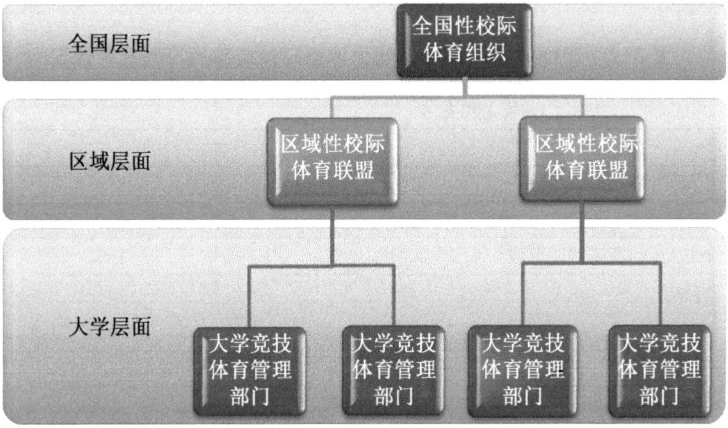

图 3-5 美国大学高水平竞技体育金字塔管理结构示意图

3) 经费状况

大学竞技体育能够为学生运动员提供实实在在的运动技能学习、人际交往、品格塑造和强身健体的机会，对提高学校声誉、扩大生源、促进校园与周边社区的全面发展和文化繁荣也具有很好的推动作用，这是美国大学管理者早就达成的共识，也是各大学愿意为本校竞技体育给予财政支持的主要原因。①

财务方面，竞技体育部的运作经费大体上可分为两部分：一是来自大学的拨款；二是竞技体育部自身市场运作获得的资金。前者又可细分为以学费为主的学校自有资金和政府拨款；后者可细分为捐赠（以校友为主）、赞助、电视转播权收入、NCAA 和所属联盟分成、以门票和特许商品为主的赛事经营收入等。

支出方面，包括教练和管理人员的工资和奖金、场馆设施修建和维护、赛事组织和参赛费用、运动员奖学金（包括学费、住宿费和交通费）等。其中，教练员和管理人员的工资奖金支出占较大比例（表 3-2）。

表 3-2　2017—2018 年度美国大学竞技体育部预算情况统计表

收入和支出	占比
收入	
门票销售	25%
捐款	20%
NCAA 和所属联盟分成	15%
补贴*	20%
其他	20%
合计	100%
支出	
运动员奖学金	15%
工资和奖金	35%
场馆设施	16%
交通和赛事组织	12%
其他支出	22%
合计	100%

* 补贴包括各大学的直接和间接支持、学费及政府支持。

① 陈庆熙，潘前. 美国大学竞技体育财政运行模式研究[J]. 南京体育学院学报，2012，26(2)：67-72.

需要指出的是，一个竞赛项目要获得美国，乃至国际电视运营商投入巨资，必须具备大众认可度高、观赏性强、场面大、竞技水平高等多重要素，因此，即使在美国大学众多高水平运动队中，能够实现盈利的只有美式橄榄球和男子篮球项目，其他项目均不创造利润。有的大学竞技体育部通过运作能够实现较大盈余，不仅能完全支持所有运动项目的运作，还能向所在大学上缴一定资金。通过品牌赛事的市场运作，美国大学体育组织在财政上完全实现了自给自足。美国大学体育组织财政运行体现了“取之于成员学校，用之于成员学校”的原则。

美国大学竞技体育一级分会共有 337 所院校和 6 300 多支运动队，除其中 22 所院校的竞技体育部和 150 多支球队以外，90%以上都处于亏损状态，需要学校财政予以拨款支持和维持；美国大学为学生运动员提供的主要资助为奖学金，包括免除所有学费、训练及比赛所需费用，免费使用训练设施、场馆，有专门的体能训练体系等；同时美国大学为学生运动员提供学业、考试等的咨询、辅导。但是美国大学学生运动员参赛必须满足学业要求，即达到学分和考试等方面的规定。

3.1.3　美国密歇根大学竞技体育发展情况

作为美国顶级大学体育联盟之一的大十联盟（Big Ten）成员之一，密歇根大学狼獾队是唯一在美国全国大学体育协会NCAA 顶级联赛中获得过四球大满贯的美国大学校队，并在奥林匹克运动会上累计获得了超过 180 枚的奖牌。目前校队一共开展 25 项不同的运动，其中包括男子运动 12 项，女子运动

13 项。建校以来，这 25 支运动代表队总共为该校拿下了 29 个全国冠军的头衔。

1）机构设置

密歇根大学竞体部机构设置包括：①管理层，②校际体育顾问委员会，③运动队及主教练，④体育管理办公室，⑤公共和媒体关系部，⑥网站维护部，⑦信息技术办公室，⑧商标和特许经营计划办公室，⑨门票办公室，⑩儿童球迷俱乐部，⑪夏令营信息办公室，⑫体育发展部，⑬广告和市场营销机会办公室。

2）主要工作职责

主要工作职责包括：①高水平运动员的招募，②财务管理，③运动队管理和竞赛组织，④场馆设施管理。

由竞体部负责管理的体育场馆包括：密歇根体育馆（美式橄榄球、男子美式草地曲棍球）、克莱斯勒中心（男女篮球、女子体操）、约斯特冰球馆（冰球）、克里夫·基恩体育馆（男子体操、排球、摔跤）、威尔蓬棒球和垒球中心（一个棒球场、一个垒球场）、菲利斯·奥克体育场（曲棍球）、U-M 足球中心（男女足球）、坎南游泳馆（男女游泳、跳水、水球）、贝利维拉湖（女子赛艇）、U-M 高尔夫球场（男女高尔夫球、男女越野跑）、校队网球中心（男女网球）、U-M 田径馆（男女田径）、菲力体育场（男女田径）、阿尔·格里克训练馆（室内练习场）。

3）部门人员和财务运作情况

2011 年，密歇根大学竞体部共有 275 名全职工作人员和上千名临时员工，其部门年度预算达到 1 亿 980 万美元。密歇根大学竞体部是为数不多的能够实现经费自给的大学竞体部之一。其中，美式橄榄球项目运营收入占总预算收入的三分之二。全部运动项目校代表队中，只有美式橄榄球、篮球和冰球三支球队能够创造收入。由于场馆改造，密歇根大学竞体部目前负债约 2 亿美元。2011-12 赛季门票销售收入达 4 800 万美元。2012—2013 年竞体部工资预算为 4 030 万美元。此外还包括校友的捐赠资金，如活跃在 NBA 赛场金州勇士队的全明星级队员德雷蒙德·格林，他在 2014-15 赛季中帮助金州勇士队获得队史上第四座 NBA 总冠军奖杯，并于 2015 年效仿前辈约翰逊向密歇根大学竞体部捐款 310 万美元，用于校队篮球运动的发展。

竞体部的资金主要来自三个渠道：一是运营基金（Operating Fund），二是捐赠基金（Endowment Fund），三是产业基金（Plant Fund）。2010 年密歇根大学竞体部财务收入就已近 1 亿美元（表 3-3）。

表 3-3　2010 年密歇根大学竞体部财务收支情况统计表

项目明细	金额（美元）
收入	
门票	40 258 325
客场比赛分成	245 178
捐款	15 138 000
校方拨款	58 817
NCAA 和所属联盟分成	20 732 405
电视、广播和网络版权收入	2 025 000

（续表）

项目明细	金额（美元）
特许商品、广告和赞助	11 087 101
其他	9 482 279
合计	99 027 105
支出	
学生运动员奖学金	13 584 477
客队分成	1 905 538
教练员的工资和奖金	13 561 605
运动员招募工作	1 333 040
运动队交通费	6 914 132
比赛日费用	2 524 741
筹款、市场营销和推广工作	2 174 835
医疗和保险费	423 601
其他	43 074 035
合计	85 496 004

注：总收入其他项目包括赛场消费和停车费收入、场馆设施经营收入和投资收益等；总支出其他项目包括赛季后费用、场馆设施费用、其他运营和行政管理费用，以及应急和机动费用等。

部门的运营收入主要有（图3-6）：普通门票销售收入——包括主场门票收入和客场比赛分成；所属联盟收益分成——包括（美式橄榄球和篮球项目）电视转播权收入、NCAA篮球项目收益分成、美式橄榄球碗比赛收入和其他收入；优先座位计划和其他捐赠收入——包括获得座位优先权的最低捐款、密歇根体育场俱乐部会员座位区、密歇根体育场包厢、美式曲棍球“奠基者”捐赠和其他捐赠收入；特许商品销售收入；赛场消费和停车费收入；场馆设施经营收入——竞体部负责管理的体育场馆设施开展经营活动的收入；投资收益；其他收入。

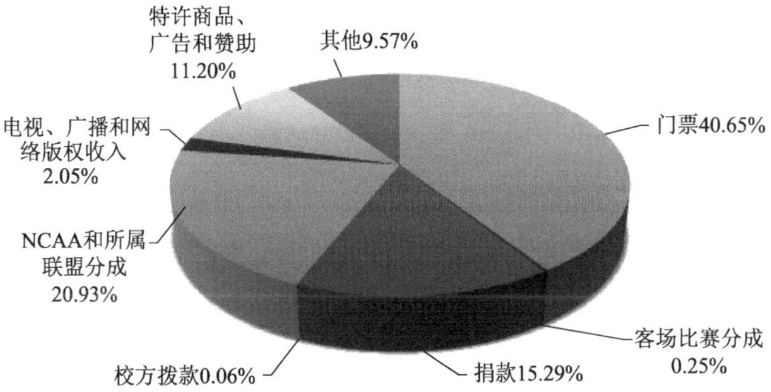

图 3-6　密歇根大学竞体部主要收入占比图

部门的运营支出主要有（图 3-7）：报酬费——全职员工（共 262 名，包括教练员、行政人员、场馆运营人员和市场开发人员等）、临时工、实习生和学生助理等，学生运动员财政补助；运动项目管理——包括运动队交通、器材设备、主场赛事主办、训练和医疗、招募运动员、假期委员会、赛季后费用、激励和专用账户费用、其他费用；场馆设施费——包括修理和维护、水电消耗、设备供应和其他；划转至“延期维修费基金”（Deferred Maintenance Fund）；其他运营和行政管理费用；应急和机动费用；债务偿还——主要是场馆建设和改造所产生的债务；划转至“产业基金”（Plant Fund）。

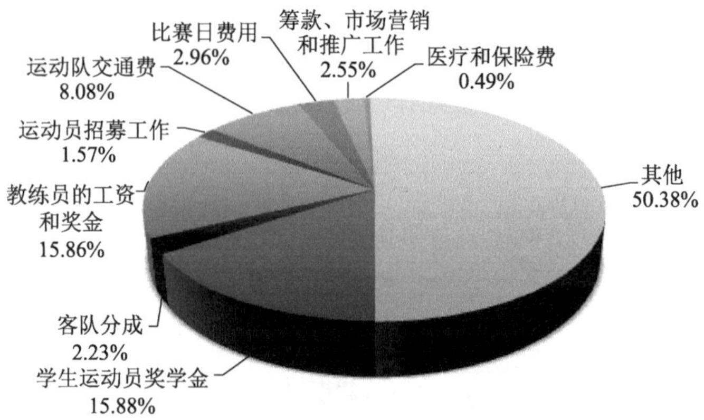

图 3-7 密歇根大学竞体部主要支出占比图

3.2 欧洲国家大学高水平竞技体育管理体制和运作机制

3.2.1 欧洲国家大学高水平竞技体育经费来源渠道

根据欧盟政府信息，欧盟成员国家大学高水平竞技体育的经费主要源于：各国中央政府、各国竞技体育协会及各单项竞技体育协会、地方和地区政府、国家彩票业、竞技体育基金，以及国内和国际的商业赞助。

在欧盟成员国中大学高水平竞技体育经费源于中央政府的国家有捷克、法国、匈牙利、爱尔兰、意大利、拉脱维亚、立陶宛、卢森堡、马耳他、罗马尼亚、斯洛文尼亚和西班牙。

国家竞技体育协会和各单项竞技体育协会参与中央政府为大学高水平竞技体育提供经费的国家有捷克、意大利、卢森堡、葡萄牙和瑞典。

地方或地区政府参与中央政府为大学高水平竞技体育提供经费的国家有奥地利、爱沙尼亚和葡萄牙。

国家彩票业参与中央政府为大学高水平竞技体育提供经费的国家有捷克、德国、法国、英国等。

欧盟所有成员国都规定每个国民都必须完成中、初等教育，具有竞技体育天赋的欧盟青少年在接受竞技运动训练的同时，必须接受良好的基础教育。为此，欧盟白皮书还做了专门的规定。此外，欧盟几乎所有的成员国都为优秀运动员提供大学奖学金。

3.2.2 英国伦敦圣玛丽大学的“耐力项目和教练员中心”

英国伦敦圣玛丽大学在高水平竞技体育耐力性项目的训练和保障等方面享有盛誉，以莫・法拉赫（Mo Farah）、亚伦・巴德利（Aaron Baddeley）和乔・帕维（Jo Pavey）为代表的来自英国、澳大利亚等国家的运动员都选择圣玛丽大学为训练基地。已取得的主要成就包括在长跑、马拉松、自行车、赛艇、曲棍球等项目中培养了在奥运会、世界锦标赛、欧洲锦标赛、英联邦运动会上取得优异成绩的肯尼亚、澳大利亚、新西兰、乌干达和美国选手。

圣玛丽大学联合英国“天才青少年选手奖学金”项目（Talented Athlete Scholarship Scheme，TASS）为“耐力项目和教练员中心”的学生运动员提供免学费、免生活费等支持；还为非欧盟国家高水平青少年提供包括免学费在内的奖学金；设置针对非洲、亚洲国家学生的专门奖学金；等等。“耐力项目和教练员中心”由全英体育科学院提供教练员和科研支持。

3.2.3 英国加的夫大学竞技体育奖学金计划

加的夫大学竞技体育奖学金计划始于1996年，旨在不断提高加的夫大学的声誉和竞技体育水平。新近推出“竞技体育高性能计划”不仅为高水平大学生运动员提供经济援助，而且是为精英运动员，特别是女子精英运动员提供机会，激发她们的竞技潜力，同时又得以在著名大学里完成学业。

加的夫大学“竞技体育高性能计划”的目的：提高大学生运动员的竞技水平；为所有运动员提供最好的支持、服务和训练环境；提升加的夫大学在英国大学竞技体育中的排名。

加的夫大学“竞技体育高性能计划”的内容：能证明在国际/国家水平上表现出竞技体育成就的任何学生运动员都将获得“高性能计划”的奖学金。奖学金获得者能获得下列支持：免费的训练系统支持，包括加的夫大学的品牌包、健身房/健身室的会籍、专业康复理疗、竞技体育科研支持、训练和比赛强度与适应、核心力量和体能训练、训练和比赛计划的制定等；运动心理学、生理学、运动医学等学科的理论和实践支持。

“竞技体育高性能计划”被视为加的夫大学学生运动员与大学之间的一种伙伴关系协议。一旦签约，除以上内容以外，学校每学期定期安排会议讨论学生的个人需求和进步计划。而学生运动员应该代表加的夫大学参加英国大学体育比赛并尽一切努力去竞争胜利；学生运动员必须尽一切努力参加“竞技体育高性能计划”规定的各种典礼和活动；学生运动员的学习成绩必须达到学校规定的标准；任何违反以上规定的加的夫大学的学生运动员都可能会导致该计划的暂缓或停止执行。

3.3 本章小结

通过对发达国家大学高水平竞技体育现状的分析与了解，美国大学高水平竞技体育经过百余年的发展演变，形成了一套独具特色的管理和运作模式，其显著特点包括：①以自愿成立的全国性校际体育组织为最高管理机构，②以区域性校际体育联赛为主要活动内容，③以大学专门设立的竞技体育管理部门为基本单位，④以市场化运作为主要筹资方式之一，⑤多样化的资金来源渠道。

表3-4　中美高校开展现状各因素对比

国家	训练体制	管理体系	高教体系	人才体系	立法	在竞技体育中的作用
中国	业余、专业、职业并存	行政手段	高度统一高度集中	关联性弱输送分流	尚不健全	从属地位
美国	职业、业余	完善、严格的制度体系	多元化	系统性强输送“一条龙”	有专门体育管理及业余训练法	主导地位

资料来源：王波，陈杰，石磊. 中美高等学校高水平运动队外部领导和内部管理体制的比较研究［J］. 西安体育学院学报，1997(3)：26-31.

发达国家大学高水平竞技体育发展的成功经验，尤其是美国的NCAA管理体制和运作机制值得我国借鉴，通过对中美两国开展现状各因素的对比分析（表3-4），根据我国国情，对我国高校开展高水平运动队得出以下四个方面的启示：

(1) 美国高校竞技体育的管理体制基本上能够实现其系统的预设目标，而我国则无法实现预设目标，当然这也包含其他因素。美国大学生体育联合会是具有较大影响的高校体育组织，在发展中已经得到不断完善，并促进了美国大学生竞技体育的管理。我国大学生体育协会还处于起步探索阶段，应该一方面依靠教育部门来管理高校体育，另一方面充分发挥大学生体育协会和各单项体育协会这类社会组织的积极作用，合理规划发展高校高水平运动队项目布局。

（2）运动员的管理是高校运动队管理的核心。美国高校十分重视运动员的选才，设立高额奖学金吸引有运动天赋的高中生进入大学；文化学习没有特殊性，完全采用学分制。我国试办高校应扩大自主招生权，提供奖学金，引进有运动潜质的体育人才；逐步实行学分制，有利于调动运动员自觉学习的积极性，加强学习和训练的相互促进作用。

（3）美国高校运动员的训练比较系统、科学，运动员参加竞赛的机会较多，通过商业活动和竞赛可获得相当的收入，强大的财力保证了运动员训练和比赛的需要，这是美国大学竞技体育水平得以发展的重要因素。我国高校运动员训练的科学性、计划性还停留在较低的水平，运动员参赛机会少，经费渠道单一，不利于运动水平的提高。我国高校应建立和健全科学训练体系与竞赛体系，增加比赛次数，使训练与竞赛结合起来，广泛扩大社会融资，保障运动队有效的运作与管理。

（4）美国高校竞技体育管理注重运用法律手段。我国相关政策法律手段还十分薄弱和滞后。在我国高校高水平运动队建设中应把法律方法和行政方法有机结合起来，进一步建立和健全各种规章制度，做到有章可循、有法可依。

第4章 我国高校高水平运动队的发展历程

在回顾我国高校高水平运动队发展历程之前，我们首先对相关概念进行界定：

（1）高校高水平运动队是指："我国高等学校课余体育训练的组织形式。目的是提高学校的运动技术水平，培养有社会主义觉悟、有科学文化知识、有较高体育运动技术水平的优秀人才，能够参加国内外有关体育竞赛，取得良好成绩，促进学校体育交流，推动学校体育运动的普及与提高。"①

（2）发展（Development）是哲学术语，指"事物由小到大，由简到繁，由低级到高级，由旧物质到新物质的运动变化过程"②。事物的发展，是在对立、转化、统一的相互作用过程中，优化自身及与相关事物之间关系的要素与结构，提高自身适应环境、变革事物与促进和谐的功能，提高存在的价值。

发展是人类社会永恒的主题，高校高水平运动队的发展随着城市经济、社会和教育事业的不断发展，存在的现状与问题的不同，发展的内涵和路径的选择也随之变化。重新梳理总结

① 陶景，李晋裕. 学校体育大辞典［M］. 武汉：武汉工业大学出版社，1994：12.

② 中国社会科学院语言研究所词典编辑室. 现代汉语词典（第6版）［M］. 北京：商务印书馆，2012：294.

我国高校办队以来的发展历程和取得的成绩，吸取国外发达国家开展高校竞技体育的成功经验，为我国高校高水平运动队持续、健康、和谐发展提供理论依据。

4.1 发展概况

4.1.1 试办开展规模与发展速度

表 4-1 我国高校办高水平运动队地区分布表

区域分布	1995 年		2000 年		2005 年		2010 年		2012 年		2020 年	
	数量	比例	数量	比例	数量	比例	数量	比例	数量	比例	数量	比例
华北地区	16	30.2%	17	27.4%	24	23.5%	52	22.2%	59	21.7%	60	21.2%
东北地区	5	9.4%	9	14.5%	19	18.6%	30	12.8%	33	12.1%	34	12.0%
华东地区	15	28.3%	16	25.8%	25	24.5%	73	31.2%	82	30.2%	91	32.2%
中南地区	10	18.9%	12	19.4%	17	16.7%	41	17.5%	40	14.7%	48	16.9%
西南地区	2	3.8%	3	4.8%	9	8.8%	17	7.3%	33	12.1%	26	9.2%
西北地区	5	9.4%	5	8.1%	8	7.9%	21	9.0%	25	9.2%	24	8.5%
合计	53	100%	62	100%	102	100%	234	100%	272	100%	283	100%

注：根据教育部办公厅历年公布资料绘制。

由表 4-1 可以看出，2020 年与 1995 年相比，由最初的不足百所发展到目前 283 所开展高水平运动队的高校，办队高校数量超出 5 倍多。图 4-1 结果显示，从 1995 年开始，高水平运动队的发展步伐明显加快，2005 年几乎翻了一倍，2005—2010 年发展直线上升，2012—2020 年达到高峰。可见，近年来我国高校高水平运动队发展比较迅速，规模不断扩大。

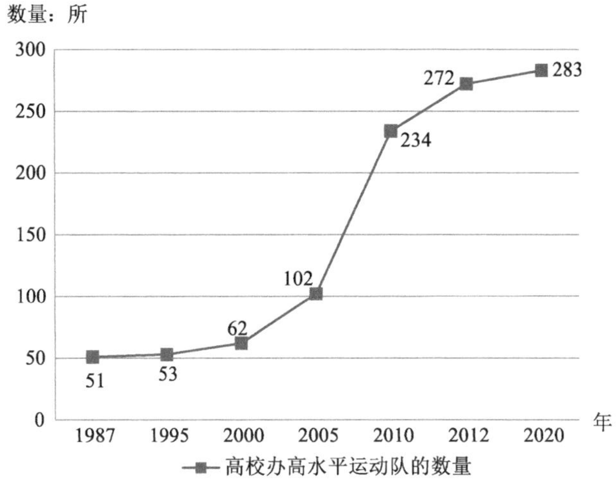

图 4-1　1987—2020 年试办高水平运动队高校的数量变化

然而，据教育部门户网站公布，截至 2022 年 6 月，我国共有普通高等学校 2 820 所，其中本科院校 1 275 所。283 所办高水平运动队的高校占全国普通高等院校的 10. 03%，占本科院校的 22. 19%，比例相对较少。

4. 1. 2　项目设置情况

2005 年高校高水平运动队项目设置数为 17 项，次年就增加到 27 项。通过对 283 所试办高校开展的运动项目进行对比分析可知（表 4-2），2020 年由教育部批准的高校开展项目共有 26 项（与 2012 年相比增加了沙滩排球一项）。与大学生体育协会 32 个单项分会的项目相比，少自行车、舞龙舞狮、艺术体操、户外运动等多个项目，说明我国大学竞技体育项目设置与大学生体育协会项目设置还有差距。与 2023 年世界大学生运动会所设项目相比，除水球、跳水、艺术体操 3 个项目没有设置外，基本涵盖了世界大学生运动会所设置的 18 个项目，这说明在高水平运动队的项目设置上基本能够保证参加每四年举办的世界大学生运动会。与 2021 年全国大学生运动会所设项目相比，除少毽球外，基本涵盖了历届全国大学生运动会所开展的所有项目，整体来说基本能保证全国大学生运动会的项目设置。此外，在对一些具有中国特色的体育项目和高校特色的体育项目设置上，教育部批准的 26 个项目中已有所兼顾，但是比重不大、项目不全，无法体现出中国和学校发展的传统特色。

表 4-2　我国高校高水平运动队项目设置与对比情况

类别	运动项目	数量
2020 年高水平运动队可招生项目	田径、游泳、篮球、排球、足球、乒乓球、羽毛球、健美操、武术、定向越野、棋牌、网球、击剑、柔道、射击、棒球、垒球、跆拳道、赛艇、橄榄球、攀岩、龙舟、摔跤、冰雪运动、手球、沙滩排球	26
大体协各单项分会项目	田径、篮球、排球、足球、乒乓球、健美操与艺术体操、武术、棋类、网球、击剑、橄榄球、国防体育、游泳、手球、羽毛球、冰雪运动、定向运动、射击、攀岩、桥牌、自行车、棒垒球、舞龙舞狮、赛艇与龙舟、跆拳道、体育舞蹈、柔道、空手道、海上运动、登山、荷球、毽球	32
2023 年世界大运会所设项目	射箭、体操、田径、羽毛球、篮球、跳水、击剑、柔道、艺术体操、赛艇、射击、游泳、乒乓球、跆拳道、网球、排球、水球、武术	18
2021 年全国大运会所设项目	田径、游泳、篮球、排球、足球、乒乓球、健美操、武术、定向越野、跆拳道、毽球、桥牌	12
具有中国特色的体育项目	武术、围棋、中国象棋、舞龙舞狮、摔跤、龙舟、毽球	7
具有高校特色的体育项目	桥牌、健美操、定向越野、攀岩、橄榄球、棒球、垒球	7

通过以上对比发现，我国高校办高水平运动队的项目设置布局仅基本能满足全国大学生运动会和世界大学生运动会赛事的需要，无法满足我国大学生体育协会的项目需要，同时也不能满足一些具有中国特色的、群众性的体育项目需要。

4.1.3　项目分布情况

近年我国高校高水平运动队项目设置的分布情况见图 4-2 和表 4-3。2012 年高校开展最多的项目是田径，有 142 所，占比为 52.2%；其次为篮球，有 107 所，占比为 39.3%；第三是足球，有 70 所，占比为 25.7%；第四是排球，有 57 所，占比为 21%；开展游泳、乒乓球项目相同，占比均为 15.4%；开展健美操、武术、网球项目占比在 10%～15%之间，分别

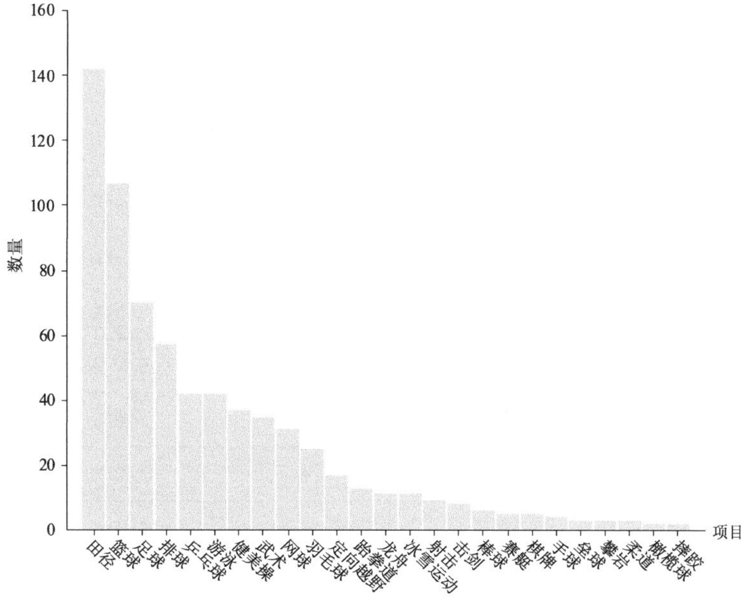

图 4-2　2012 年我国高校高水平运动队项目设置分布情况

在 31～37 所高校开展，健美操 37 所、武术 35 所、网球 31 所。而其他 16 个项目开展的学校均不超过总体的 10%，且大部分在 5%以下，甚至有些项目开展的大学仅有 2～3 所。

表 4-3　2020 年高校高水平运动队设项情况

序号	运动项目	开展学校数	占学校总数的
1	田径	136	48. 10%
2	篮球	113	39. 90%
3	足球	188	66. 43%
4	排球	64	22. 60%
5	乒乓球	43	15. 20%
6	游泳	46	16. 30%
7	健美操	37	13. 10%
8	武术	35	12. 40%
9	网球	39	13. 80%
10	羽毛球	29	10. 25%
11	定向越野	4	1. 40%
12	跆拳道	10	3. 50%
13	龙舟	6	2. 10%
14	冰雪运动	16	5. 65%
15	射击	4	1. 40%
16	击剑	9	3. 10%
17	棒球	5	1. 80%
18	赛艇	5	1. 80%

（续表）

序号	运动项目	开展学校数	占学校总数的
19	棋牌	1	0.35%
20	手球	4	1.40%
21	垒球	3	1.00%
22	攀岩	2	0.70%
23	柔道	3	1.00%
24	橄榄球	3	1.00%
25	摔跤	2	0.70%
26	沙滩排球	2	0.70%

2020年高校开展最多的项目是足球，有188所，占比为66.43%；其次为田径，有136所，占比为48.10%；第三是篮球，有113所，占比为39.90%；第四是排球，有64所，占比为22.60%；开展乒乓球、游泳、健美操、武术、网球、羽毛球项目占比在10%～17%之间，分别在29～46所高校开展，羽毛球29所、武术35所、健美操37所、网球39所、乒乓球43所、游泳46所。而其他16个项目开展的学校均不超过总体的10%，且大部分在5%以下，甚至有些项目开展的大学仅有1～2所。

通过以上数据可以看出，我国高校高水平运动队项目设置分布整体不均匀，主要集中在基础项目和球类项目上。田径、篮球、足球、排球四个项目所占比例都在20%以上，是我国高校高水平运动队重点开展项目；游泳、乒乓球、健美操、武术、网球、羽毛球六个项目所占比例都在10%～17%之间，是我国高校高水平运动队次重点开展项目；其余项目为非重点开展项目。

4.1.4　上海市高校高水平运动队设项和分布情况

1987 年，普通高校试办高水平运动队工作正式启动，上海共获批 7 所高校 8 个项目，其中开展田径项目的有 4 所学校；游泳、足球、乒乓球各 2 所学校；篮球、排球、手球、健美操各 1 所学校，各高校办队的项目合并计算，仅 14 个项次。可见规模较小。

1995 年，上海市高校高水平运动队举办高校由于学校合并，减少了 1 所，为 6 所高校。项目设置也有所调整。增加了国防体育项目，取消了健美操项目，仍保持 8 个项目。田径增加到 5 所高校，手球、足球、游泳等办队学校也有所调整。各高校办队项目合并计算，为 13 个项次，仍然维持较小规模。

2006 年，在综合评估基础上教育部对建设高水平运动队的高校及项目再次进行了调整，上海市办队增加到 15 所高校，办队项目增加到 17 个，各高校办队项目合并计算，为 51 个项次。规模有较大幅度增长（表 4–4）。

2010 年，教育部对高水平运动队建设学校及项目进一步做了调整。调整后上海市共有 17 所高校 18 个运动项目建设高水平运动队，各高校办队项目合并计算，为 56 个项次。规模继续扩大（表 4–5）。

2020 年，教育部对上海高水平运动队建设学校与项目调整为 18 所高校 18 个运动项目建设高水平运动队，各高校办队项目合并计算，为 62 个项次。规模持续扩大（表 4–6）。

表 4-4　2006 年上海市高校高水平运动队项目设置情况

举办学校	田径	武术	足球	篮球	排球	网球	游泳	手球	射击	棋牌	乒乓球	健美操	击剑	羽毛球	棒球	龙舟	赛艇	合计
上海交通大学	●	—	—	●	—	●	●	—	—	—	●	●	—	—	—	—	●	7
同济大学	●	—	●	—	—	—	●	●	—	—	—	●	—	●	—	—	—	6
复旦大学	●	●	—	—	●	—	●	—	●	●	—	—	—	—	—	—	—	6
华东理工大学	●	●	—	●	—	●	—	—	●	—	●	—	—	—	—	—	—	6
东华大学	●	—	●	—	—	—	—	●	●	—	—	—	—	—	—	—	—	4
华东师范大学	●	—	—	●	●	—	—	—	—	—	—	—	—	—	—	—	—	3
上海大学	●	—	—	—	●	●	—	—	—	—	—	—	—	—	—	—	—	3
上海海事大学	—	●	—	—	—	—	●	—	—	—	—	—	—	—	—	●	—	3
上海中医药大学	—	●	—	—	●	—	—	—	—	—	—	—	—	—	—	—	—	2
上海财经大学	—	—	—	—	—	●	—	—	—	●	—	—	—	—	—	—	—	2
上海电力学院	—	—	—	—	—	—	—	●	—	—	—	—	●	—	—	—	—	2
上海外国语大学	—	—	—	—	—	—	—	—	—	●	—	—	—	—	●	—	—	2
上海师范大学	—	●	●	—	—	—	—	—	—	—	—	—	—	—	—	—	—	2
上海工程技术大学	—	—	●	●	—	—	—	—	—	—	—	—	—	—	—	—	—	2
上海金融学院	—	—	—	—	—	—	—	—	—	—	—	—	●	—	—	—	—	1
合计	7	5	4	4	4	4	4	3	3	3	2	2	2	1	1	1	1	51

表 4-5　2010 年上海市高校高水平运动队项目设置情况

举办学校	田径	武术	游泳	足球	篮球	排球	网球	手球	射击	棋牌	乒乓球	棒球	健美操	击剑	羽毛球	垒球	龙舟	赛艇	合计
上海交通大学	●	—	●	—	●	—	●	—	—	—	●	—	●	—	—	—	—	●	7
同济大学	●	—	●	●	—	—	—	●	—	—	—	—	●	—	●	●	—	—	7
复旦大学	●	●	●	—	—	●	—	—	●	●	—	—	—	—	—	—	—	—	6
华东理工大学	●	●	—	—	●	—	●	—	●	—	●	—	—	—	—	—	—	—	6
东华大学	●	—	—	●	—	—	—	●	●	—	—	—	—	—	—	—	—	—	4
上海大学	●	●	—	—	—	●	●	—	—	—	—	—	—	—	—	—	—	—	4
华东师范大学	●	—	—	—	●	●	—	—	—	—	—	—	—	—	—	—	—	—	3
上海财经大学	—	—	●	—	—	—	●	—	—	●	—	—	—	—	—	—	—	—	3
上海海事大学	—	●	●	—	—	—	—	—	—	—	—	—	—	—	—	—	●	—	3
上海外国语大学	—	—	—	—	—	—	—	—	—	●	—	●	—	—	—	—	—	—	2
上海理工大学	●	—	—	●	—	—	—	—	—	—	—	—	—	—	—	—	—	—	2
上海工程技术大学	—	—	—	●	●	—	—	—	—	—	—	—	—	—	—	—	—	—	2
上海中医药大学	—	●	—	—	—	●	—	—	—	—	—	—	—	—	—	—	—	—	2
上海电力学院	—	—	—	—	—	—	—	●	—	—	—	—	—	●	—	—	—	—	2
华东政法大学	—	—	—	—	—	—	—	—	—	—	—	●	—	—	—	—	—	—	1
上海海洋大学	●	—	—	—	—	—	—	—	—	—	—	—	—	—	—	—	—	—	1
上海金融学院	—	—	—	—	—	—	—	—	—	—	—	—	—	●	—	—	—	—	1
合计	9	5	5	4	4	4	4	3	3	3	2	2	2	2	1	1	1	1	56

表 4-6　2020 年上海市高校高水平运动队项目设置情况

举办学校	足球	田径	武术	游泳	排球	篮球	网球	手球	射击	乒乓球	棒球	击剑	羽毛球	冰雪运动	棋牌	健美操	垒球	龙舟	合计
上海交通大学	●	●	—	●	—	●	●	—	—	●	—	—	●	—	—	—	—	—	7
同济大学	●	●	—	●	—	—	—	●	—	—	—	—	●	—	—	●	—	—	6
复旦大学	●	●	●	●	●	—	—	—	●	—	—	—	—	—	—	—	—	—	6
华东理工大学	—	●	●	—	—	●	●	—	—	●	—	—	—	—	—	—	—	—	5
上海大学	●	●	●	—	●	—	●	—	—	—	—	—	—	—	—	—	—	—	5
上海海事大学	●	—	●	●	—	—	—	—	—	—	—	—	—	●	—	—	—	●	5
东华大学	●	●	—	—	—	—	—	●	●	—	—	—	—	—	—	—	—	—	4
华东师范大学	—	●	—	—	●	●	—	—	—	—	—	—	—	—	—	—	—	—	3
上海外国语大学	—	—	—	—	●	—	—	—	—	—	●	—	—	—	●	—	—	—	3
华东政法大学	●	—	—	—	—	—	—	—	—	—	●	—	—	—	—	—	●	—	3
上海电力大学	●	—	—	—	—	—	—	●	—	—	—	●	—	—	—	—	—	—	3
上海财经大学	—	—	—	●	—	—	●	—	—	—	—	—	—	—	—	—	—	—	2
上海理工大学	●	●	—	—	—	—	—	—	—	—	—	—	—	—	—	—	—	—	2
上海工程技术大学	●	—	—	—	—	●	—	—	—	—	—	—	—	—	—	—	—	—	2
上海中医药大学	—	—	●	—	●	—	—	—	—	—	—	—	—	—	—	—	—	—	2
上海金融学院	●	—	—	—	—	—	—	—	—	—	—	●	—	—	—	—	—	—	2
上海海洋大学	—	●	—	—	—	—	—	—	—	—	—	—	—	—	—	—	—	—	1
上海对外经贸大学	—	—	—	—	—	—	—	—	—	—	—	—	—	●	—	—	—	—	1
合计	11	9	5	5	5	4	4	3	2	2	2	2	2	2	1	1	1	1	62

从表 4-6 可见，目前上海市共有 18 所高校获得招收高水平运动员的资格，占上海普通高等院校总数（68 所）的 26.47%，占普通本科院校（43 所）的 41.86%。尽管举办高水平运动队的学校比例高于全国平均水平，但总体上偏少，而且全部是本科院校，尚无一所专科院校举办高水平运动队。

从项目上看，目前，上海市高校高水平运动队所开设的运动项目中排名第 1 位的是足球，有 11 所学校开设，占高水平运动队建设学校总数的 61.11%；排名第 2 位的是田径，有 9 所学校开设，占高水平运动队建设学校总数的 50.00%；武术、游泳、排球各有 5 所学校开设，占高水平运动队建设学校总数的 27.77%；篮球、网球各有 4 所学校开设，占高水平运动队建设学校总数的 22.22%；手球有 3 所学校开设，占高水平运动队建设学校总数的 16.66%；射击、乒乓球、棒球、击剑、羽毛球、冰雪运动各有 2 所学校开设，占高水平运动队建设学校总数的 11.11%；棋牌、健美操、垒球、龙舟仅有 1 所学校开设，占高水平运动队建设学校总数的 5.55%。以上数据说明，足球、田径、武术、游泳、排球、篮球、网球是上海市高校高水平运动队的重点项目。

这 18 个项目中属于世界大学生运动会项目（18 个）的有 12 项，属于全国大学生运动会项目（12 个）的有 8 项。这说明在设项方面还存在一定差距。

4.1.5 主要政策法规

梳理我国历年颁布的普通高校试办高水平运动队的主要政策法规（表 4-7），发现三十多年来我国教育部（原国家教委）、国家体育总局（原国家体委）出台的有关高校试办高校高水平运动队的法规政策虽然为数不多，但是反映了政府行政部门对高校举办高水平运动队的重视，并且在不同时期提出了不同的要求，尽管目标定位不够全面。同时应当看到，在社会主义市场经济体制逐步完善的条件下，在整个社会对学校体育包括高校举办高水平运动队尚未引起足够重视的情况下，仅仅依靠行政法规的力量来推动高校举办高水平运动队的进程是远远不够的。

表 4-7　我国历年颁布的关于高校试办高水平运动队的主要政策法规一览

序号	时间（年）	颁发部门	政策法规文件名称	主要内容
1	1986	国家教委、国家体委	关于开展课余体育训练，提高学校体育运动技术水平的规划	确定了课余训练的主要任务和目标，制定了 10 条实施措施，明确规定学校课余训练的根本目的在于“提高民族素质，多出人才，出好人才”
2	1987	国家体委	关于部分普通高校试行招收高水平运动员工作的通知	具体见“招生办法”
3	1987	国家体委	关于试点高校培养高水平运动员的管理办法	包括组织领导、思想品德教育、教学与学籍管理、运动训练、教练员、经费与生活管理、评估与奖励 7 个方面
4	1990	国家教委	高等学校课余训练试点工作评估办法	检查评估具体工作
5	1990	国家教委	全国普通大、中学校学生体育竞赛暂行规定	应有利于学生德、智、体、美全面发展，以育人为宗旨的 13 条规定
6	1995	国家教委	关于在部分普通高等院校试办高水平运动队的通知	具体见“招生办法”

（续表）

序号	时间（年）	颁发部门	政策法规文件名称	主要内容
7	1998	国家教委	关于对全国培养后备人才试点中学和培养高水平学生运动员试点大学进行检查评估的通知	评估目的、范围、实施与时间安排
8	2000	国家体育总局	2001—2010年体育改革与发展纲要	加强优秀运动队的建设，运动队逐步向院校化过渡，为优秀运动员提供更为便利的入学、深造条件
9	2002	国家体育总局	2001—2010年奥运争光计划纲要	“体教结合”共同培育高水平后备人才体系和激励机制初步形成
10	2005	教育部、国家体育总局	关于进一步加强普通高等学校高水平运动队建设的意见	普通高等学校高水平运动队的建设是高等教育的有机组成部分；提出吸引优秀教练员到普通高等学校执教等具体措施
11	2006	教育部、国家体育总局	关于进一步加强学校体育工作切实提高学生健康素质的意见	对高校高水平运动队的评估必须将学校开展群体活动的情况和形成体育特色的水平作为重要条件；合理解决学习与训练的矛盾等具体措施
12	2012	教育部	关于进一步加强学校体育工作的若干意见	充分认识加强学校体育的重要性、明确加强学校体育的总体思路和主要目标、落实加强学校体育的重点任务、建立健全学校体育的监测评价机制、加强对学校体育的组织领导五个部分
13	2017	教育部	高等学校关于进一步加强普通高等学校高水平运动队建设的实施意见	把高校高水平运动队建设作为加强学校体育综合改革、探索培养高水平优秀体育人才、推进竞技体育改革和建设体育强国的重要途径和有效手段进行统筹安排
14	2021	教育部、国家体育总局	关于进一步完善和规范高校高水平运动队考试招生工作的指导意见	明确了国家招收、培养高校高水平运动员的发展趋势，为我国培养高校高水平竞技体育人才提供了理论与实践依据

（续表）

序号	时间（年）	颁发部门	政策法规文件名称	主要内容
15	2022	教育部	关于进一步加强普通高等学校高水平运动队建设管理的意见	要纳入国家竞技人才培养体系，需要在内涵建设、竞赛组织、评价考核和组织管理等方面进一步完善，促进高校高水平运动队服务于学校体育发展和国家竞技人才培养

4.2　发展历程

回顾三十多年来我国高校高水平运动队所走过的历程，根据我国高校试办高水平运动队以来相关政策的不断深化和试办高校规模数量的不断扩大，以近十年为一个跨度，从纳入整个教育体制发展改革规划，参与国际大学竞技体育竞争的发展进程来看，大致可分为四个发展阶段：自然发展阶段、加速发展阶段、持续发展阶段和全面发展阶段（图 4-3）。

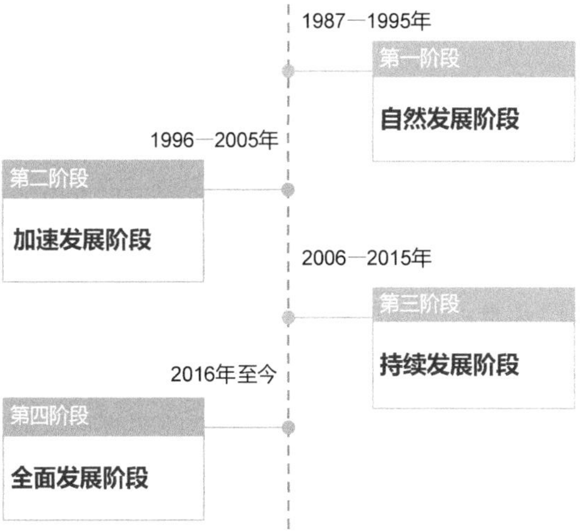

图 4-3　我国高校高水平运动队发展历程

4.2.1 自然发展阶段

从1987年到1995年的自然发展阶段。这一阶段基本上处于我们对普通高校试办高水平运动队的初始阶段，试办高校由最初的51所发展到53所，由于我们刚刚开展起步，所以对运动队的组织管理、学习与训练的协调等都处于一种粗放型、简单而自然的状态。

1985年12月27日至1986年1月1日，根据《中共中央教育体制改革的决定》和《关于进一步发展体育运动的通知》精神，国家教委和国家体委在山东掖县（今莱州市）召开了全国学校学生业余体育训练工作座谈会，会议总结交流了学校开展业余体育训练的经验，讨论和确定了《关于开展学校业余体育训练，努力提高运动技术水平的规划（1986—2000年）》（以下简称《规划》）的框架。

1986年11月11日，国家教委、国家体委印发了《规划》，其中确定了课余体育训练的指导思想、主要任务和目标，以及十项政策和措施。科学的体育教育，不但能使学生提高身体素质和健康水平，而且有助于发展智力，陶冶情操，培养集体主义精神，增强组织性、纪律性，锻炼顽强进取的意志和战胜困难的毅力。《规划》指出，课余体育训练的根本目的，在于提高国民素质，多出人才，出好人才。

1987年4月，普通高校试办高水平运动队工作正式启动，国家教委发布了《关于普通高校试行招收高水平运动员工作的通知》（教学厅〔1987〕8号），并首次确立了全国51所招收高水平学生运动员的试点院校，并对招生对象、招生方法、教学管理等方面作出初步规定。从此，拉开了我国高校培养优秀竞技体育人才的帷幕，开辟了我国建立多层次、多渠道培养竞技体育后备人才体系的新途径。

1995 年 5 月，国家教委办公厅发布了《关于部分普通高等院校试办高水平运动队的通知》(教学厅〔1995〕7 号)，提出了逐步实现高校独立组队参加世界大学生运动会的发展目标，并重新确定 53 所院校作为开展田径、篮球、排球、足球等重点项目的试点学校。

随着国家政治经济的逐步稳定，体育事业和教育事业得到了较快的恢复和发展，特别是我国在 1984 年奥运会上夺得 16 枚金牌，推动了我国体育事业特别是学校体育的发展。因为增强学生体质，积极开展课余体育训练，提高学校体育运动技术水平也是我国教育事业和体育事业的重要方面。这个阶段的显著特征是，国家开始重视学校体育的发展，在现行“举国体制”下，尝试培养高水平后备竞技体育人才的新途径。试办高校在全国铺开面较窄，仅选取了 51 所高校作为试点，建设运动队的各项配套管理办法与实施还在初步建立中。

4.2.2 加速发展阶段

从 1996 年到 2005 年的加速发展阶段。这一阶段试办高校由 62 所发展到 102 所，高校高水平运动队规模不断扩大，试办高校的数量逐年增加。

1998 年，国家教委下发了《关于对全国培养后备人才试点中学和培养高水平学生运动员试点大学进行检查评估的通知》(教体厅〔1998〕4 号)，对评估工作的目的、范围及实施与时间安排作出了明确的规定。

1999 年，国家体育总局、教育部联合发文，获奥运会项目全国比赛前 3 名运动员可免试进入 6 所直属体育院校学习。2000 年，政策放宽，上述运动员可免试进入成人高校非体育专业学习。这为优秀明星运动员进入大学校园继续深造、弥补文化学习的缺憾创造了机会，同时为活跃学校体育文化和普及体育项目创造了条件。

2002 年，教育部下发了《关于批准部分普通高校为培养高水平运动员试点单位的通知》（教学厅〔2002〕3 号）对试办高水平运动队的高校进行了审核，确立了全国 161 所普通高等院校，包括教育部重点和地方重点高校。

2003 年，参加世界大学生运动会的外联和组团任务由国家体育总局移交到教育部，促使教育部更加重视高校高水平运动队建设，更加重视竞技体育人才的培养。

2005 年 4 月，教育部、国家体育总局在《关于进一步加强普通高等学校高水平运动队建设的意见》（教体艺〔2005〕3 号）中进一步规范和加强了高等学校高水平运动队建设。为了加强学校课余体育训练与竞赛的组织与管理，教育部先后颁发了 29 份相关文件，对高校高水平运动队招生办法、竞赛注册与管理、试点高校和试点中学的评估等作出明确规定。

2005 年 11 月 2—6 日，教育部成立评估专家委员会，从普通高校目前高水平运动队的数量、高水平运动员管理、高水平运动队教练员的数量及构成情况、高水平运动队的支持保障及建设高水平运动队的效益五个方面，对 303 所申请全国普通高校高水平运动队建设的自评材料进行了认真审阅，并对各申办学校的高水平运动队建设工作进行了评估，最后确定了235所开展高水平运动队的试点高校。这是自1987年教育部在全国普通高校试办高水平运动队以来进行的首次对普通高校高水平运动队建设的全面综合评估，这次评估工作无论是对各申办学校还是对高水平运动队各级行政主管部门的工作均产生了积极的推动作用。

高校自主培养的高水平运动员虽然为数不多，如以清华大学胡凯为代表的学生运动员，但在国际大赛上也取得了优异的成绩。国家更加重视对试办高校的政策扶持，对普通高校高水平运动队的建设也提出了宏观规划与指导。这一阶段的显著特征是，随着试办高校队伍的不断扩大，最初试点学校高水平运动队的建设已初具规模，形成了一套围绕传统项目开展高水平运动队的模式。试办高校纷纷开始注重校园文化建设和校园品牌建设，提出优惠政策，吸引优秀运动员进校园，在提高高校运动训练水平的同时，促进了学校体育活动的开展。此外，也出现了一些困扰我们的问题，例如：办队目标不准确，脱离实际；学习与训练矛盾，不能顺利完成学业；高校教练员水平普遍偏低；缺乏有效管理体系；办队经费不足；参赛资格认证不公，有着重成绩轻建设的观念；等等。

4.2.3　持续发展阶段

从2006年到2015年的持续发展阶段。这一阶段试办高校由235所发展到2012年的272所，试办高校的数量较最初试办数量多出221所。2010年教育部对高水平运动队建设学校及项目进一步做了调整，高校高水平运动队规模继续扩大。

2006年，教育部、国家体育总局《关于进一步加强学校体育工作切实提高学生健康素质的意见》（教体艺〔2006〕5号），为全面推进素质教育，进一步加强学校体育工作，在树立健康第一的指导思想下，提出对高校高水平运动队的评估必须将学校开展群体活动的情况和形成体育特色的水平作为重要条件；合理解决学习与训练的矛盾等具体措施。

为贯彻落实《关于进一步加强普通高等学校高水平运动队建设的意见》（教体艺〔2005〕3号）的精神，加强对普通高等学校高水平运动队建设宏观规划与指导，2006年12月20日教育部下发《关于2007年调整部分普通高等学校高水平运动队设项的通知》（教体艺司函〔2006〕63号）（以下简称《通知》），决定对个别高校所设运动项目作出调整。北京市：北京工业大学分别取消田径、排球项目增加定向越野、足球项目。黑龙江省：哈尔滨工程大学取消游泳项目增加乒乓球项目；黑龙江大学取消排球项目增加射击项目。江苏省：南京农业大学取消田径项目增加武术项目；南京财经大学取消跳水项目增加羽毛球项目。山东省：山东师范大学取消足球项目增加排球项目。河南省：郑州大学分别取消足球、健美操项目增加篮球、田径项目。四川省：四川大学取消篮球项目增加游泳项目。《通知》是为进一步促进高校高水平运动队建设健康、协调发展，使高校所设项目的布局更加合理。

2008年，国家体育总局和教育部印发了《2008年普通高等学校运动训练、民族传统体育专业招生管理办法》，确定了普通高等学校运动训练专业66所，民族传统体育专业38所。运动训练专业项目设田径、球类、游泳、体操、举重等46个；民族传统体育专业项目设武术套路、散打2个。这2个专业主要招收在役和退役的优秀运动员以及具备二级（含）以上运动员技术等级资格的后备人才。2008 年，全国有 3.7 万名考生报考运动训练和民族传统体育专业，录取新生 1.5 万名。

2012 年 10 月 22 日，国务院办公厅批示颁发教育部、发展改革委、财政部、体育总局《关于进一步加强学校体育工作的若干意见》（国办发〔2012〕53 号），以推动学校体育科学发展，促进学生健康成长。文件从充分认识加强学校体育的重要性、明确加强学校体育的总体思路和主要目标、落实加强学校体育的重点任务、建立健全学校体育的监测评价机制、加强对学校体育的组织领导这五个方面提出共 17 条意见，要求各级各类学校要把加强学校体育作为贯彻党的教育方针、实施素质教育和提高教育质量的重要举措。

2013 年 11 月 12 日，党的十八届三中全会胜利召开，为贯彻落实党的十八大关于全面深化改革的战略部署，高校高水平运动队的建设发展迎来了新的机遇与挑战，只有大胆创新，勇于改革，坚持以人为本，育人第一，准确定位，加强领导的重视程度与管理能力，完善管理体制与运作机制，推进易普及、学生喜闻乐见的运动项目进校园等举措才是高校高水平运动队可持续发展的必由之路。目前，上海已尝试把一线运动队，如冰上 4 个项目（短道速滑、冰壶、花样滑冰、冰球）陆续布局到高校，着力推进“运动队逐步办到学校，让优秀运动员从学校走出来”的工作，使“体教结合”工作走在了全国试办高校的前列。

4.2.4　全面发展阶段

从 2016 年至今的全面发展阶段。这一阶段试办高校高水平运动队规模不断稳定。教育部对高水平运动队建设学校及项目进一步做了调整，2020 年全国高水平运动队招生院校由 2019 年的 287 所减少到 283 所，而高水平运动队足球项目招生院校由 2017 年的 77 所增至 2018 年的 152 所，再到 2019 年的 181 所，2020 年已增至 188 所，连续 4 年大幅增加。

根据国务院“简政放权、放管结合、优化服务”的要求和国务院办公厅印发《关于强化学校体育促进学生身心健康全面发展的意见》（国办发〔2016〕27 号）的精神，充分发挥高水平运动队在强化学校体育改革发展上的“龙头”作用，努力促进学生身心健康、全面发展，要把高校高水平运动队建设作为加强学校体育综合改革、探索培养高水平优秀体育人才、推进竞技体育改革和建设体育强国的重要途径和有效手段进行统筹安排，不断提高高校高水平运动队建设的管理水平。

2017 年，教育部专门发文《关于进一步加强普通高等学校高水平运动队建设的实施意见》（教体艺〔2017〕6 号），我国高校高水平运动队建设取得明显效果，为探索教体结合培养高水平运动员模式积累了丰富经验，有力推动了普通高校学校体育工作的全面发展。当前，高校高水平运动队建设工作还存在发展目标不明确、布局不平衡、招生与管理不规范等问题，直接影响了高校高水平运动队的整体质量和总体效益。

2021 年 9 月，教育部、国家体育总局联合印发《关于进一步完善和规范高校高水平运动队考试招生工作的指导意见》（教学〔2021〕2 号），为深入贯彻党的十九大和十九届二中、三中、四中、五中全会精神，全面落实习近平总书记在庆祝中国共产党成立 100 周年大会上的重要讲话精神和全国教育大会精神，认真贯彻落实《深化新时代教育评价改革总体方案》《关于全面加强和改进新时代学校体育工作的意见》《关于深化体教融合促进青少年健康发展的意见》要求，在考试招生、在校管理等方面距离新时代新要求仍有差距的前提下，进一步深化高校高水平运动队考试招生改革，强化规范管理。

2022 年，教育部印发《关于进一步加强普通高等学校高水平运动队建设管理的意见》（教体艺〔2022〕1 号），根据中共中央办公厅、国务院办公厅印发《关于全面加强和改进新时代学校体育工作的意见》和国家体育总局、教育部印发《关于深化体教融合促进青少年健康发展的意见》，高校高水平运动队建设要纳入国家竞技人才培养体系，需要在内涵建设、竞赛组织、评价考核和组织管理等方面进一步完善，促进高校高水平运动队服务于学校体育发展和国家竞技人才培养。

4.3　本章小结

自 1987 年普通高校试办高水平运动队以来，被教育部批准的试办高水平运动队的高校已达 283 所，占普通高等院校的 10.03%，占本科院校的 22.19%。经过三十多年的探索，试办高水平运动队的普通高校数量不断增加，运动项目覆盖面更广，运动水平得到不断的提高。办队高校经历了自然发展、加速发展、持续发展和全面发展四个阶段，由刚刚起步到逐步走上了国家扶持、学校重视、育人第一的正确道路，取得的成绩与实践经验值得我们好好总结。

目前存在的主要问题是：第一，项目设置与分布不合理。

我国高校办高水平运动队的项目设置布局仅基本能满足全国大学生运动会和世界大学生运动会赛事的需要，无法满足我国大学生体育协会的项目需要，同时也不能满足一些具有中国特色的、群众性的体育项目需要。我国高校高水平运动队项目设置分布整体不均匀，主要集中在基础项目和球类项目上。把一些群众基础差、一般高校开展较少的项目，可以考虑放在体育院校建设发展。第二，试办高校多数集中在本科院校与重点省市。以上海市为例，共有 18 所高校获得招收高水平运动员的资格，全部是本科院校，尚无一所专科院校举办高水平运动队，占上海普通高等院校总数（68 所）的 26. 47%，占普通本科院校（43 所）的 41. 86%。中国西北地区只有 24 所，占试办高校总数（283 所）不足 10%（8. 4%）。第三，相关法规政策有待于配套实施。高校高水平运动队的管理体系与运行机制仅靠目前颁布的 15 条法规政策为依据，已经完全不能适应现代社会市场经济体制下的高校高水平运动队发展的需要。此外，在制定的相关政策法规文件中目标定位不准确，与实际情况存在一定的差距。

由此可见，一方面，在我国目前的竞技体育体制下，高校在设置高水平运动队的项目时，合理布局，尽量错位发展，在保持优势传统项目的基础上发展具有中国特色、喜闻乐见的运动项目；另一方面，加大全国试办高校的覆盖率，使发达地区与偏远地区开展规模相均衡，全面提高我国高校高水平运动队运动技术水平；再一方面，建立健全必要的法律法规和制度保障，使试办高校的根本利益得到有效保障，为高水平运动队的长远发展不断助力。

第5章 对我国高校高水平运动队基本情况的调查与分析

本研究对高校学生运动员、普通学生、带队教练员就发展目标、开展的内动力、管理体制和运行机制、经费和项目设置等问题分别进行了调查。

5.1 学生运动员情况分析

5.1.1 基本情况

本研究对33所高校313名学生运动员的性别、年龄、运动等级、运动专项及训练年限等情况进行了调查。其中，男生217人，占总人数的69.3%；女生96人，占总人数的30.7%；一级运动员128人，二级运动员177人，运动健将8人。

1）年龄结构

由图5-1所示可知，被调查的学生运动员平均年龄为21岁，最小的17岁，最大的26岁。通常普通高校大学本科4～6年，硕士研究生3年，共计7～9年，符合高等教育18～26岁之间的年龄段。

2）运动专项与训练年限

由图5-2所示可知，被调查的学生运动员的运动专项有

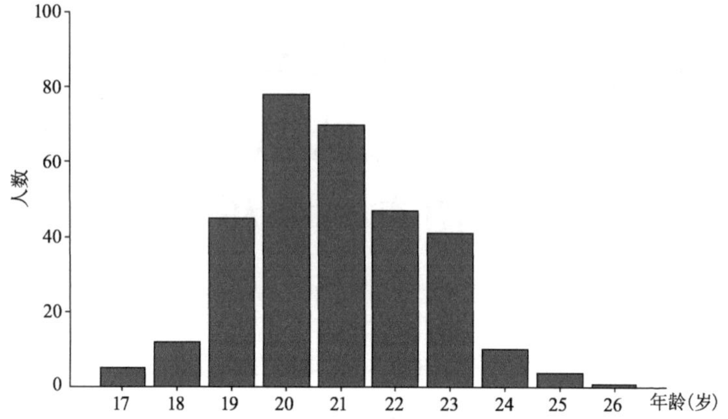

图 5-1　年龄结构

14 个项目，其中田径和篮球专项的运动员最多，分别占调查总人数的 35.1%和 32.6%；由图 5-3 所示可知，被调查的学生运动员的平均训练年限为 6.6 年，1～4 年占总人数的 26.5%，5～8 年占总人数的 47.6%，达到 9 年及以上训练年限的占总人数的 25.9%。

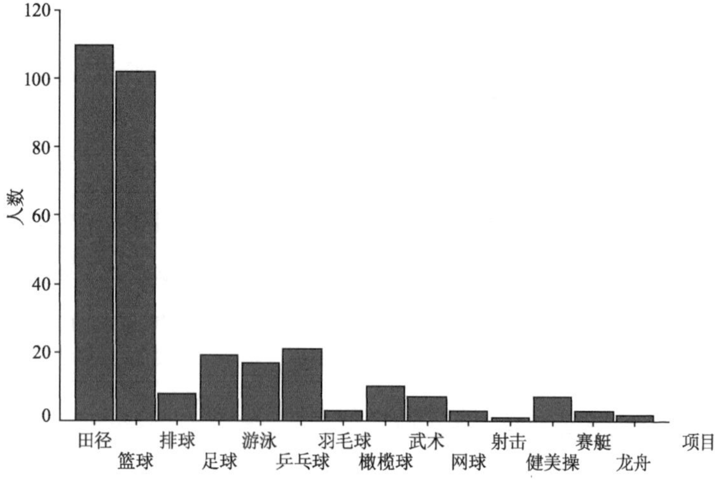

图 5-2　运动专项

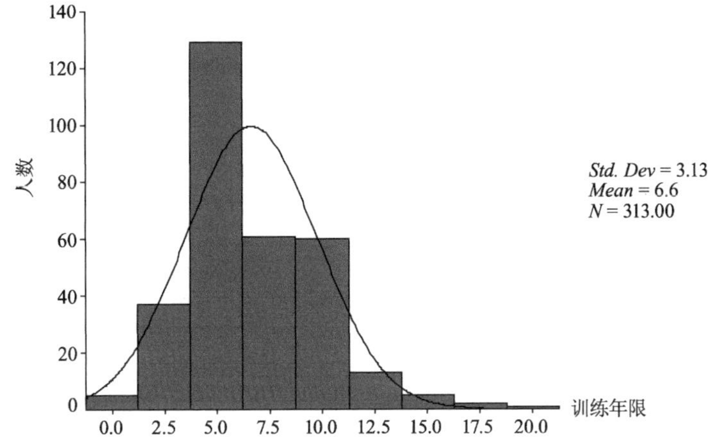

图 5-3　训练年限

5.1.2　报考目的

“学生运动员报考高校高水平运动队的目的”题项为多项选择，由表 5-1 调查结果可知，选择最多的是因为可以降分，容易上大学；其次是为了取得更好的运动成绩；再次是为了以后可以找到好工作。这说明学生运动员有强烈的学习欲望，想通过自身特长考取大学，在边学习边训练中提高运动成绩，为解决今后的就业问题寻找出路。此外，通过高校对其心智的磨炼与培养，为今后加入职业队，延长运动生涯也起到了不容忽视的作用。

表 5-1　学生运动员报考高校高水平运动队的目的（N=313）

选项	频数	频数百分比	排序
因为可以降分，容易上大学	168	53.67%	1
为了取得更好的运动成绩	119	38.02%	2
为了以后可以找到好工作	113	36.10%	3

(续表)

选项	频数	频数百分比	排序
为了参加体育比赛	91	29.07%	4
为了以后能进入职业队	46	14.70%	5
为了成为知名的运动员	28	8.95%	6
其他	21	6.71%	7

5.1.3 学习情况

1) 所学专业与喜欢程度

由图 5-4 所示可知，被调查对象所学专业涉及教育学、法学、金融学、医学、管理学、农学等不同学科领域的 30 个专业，其中最多的是工商管理专业 45 人，占调查总人数的

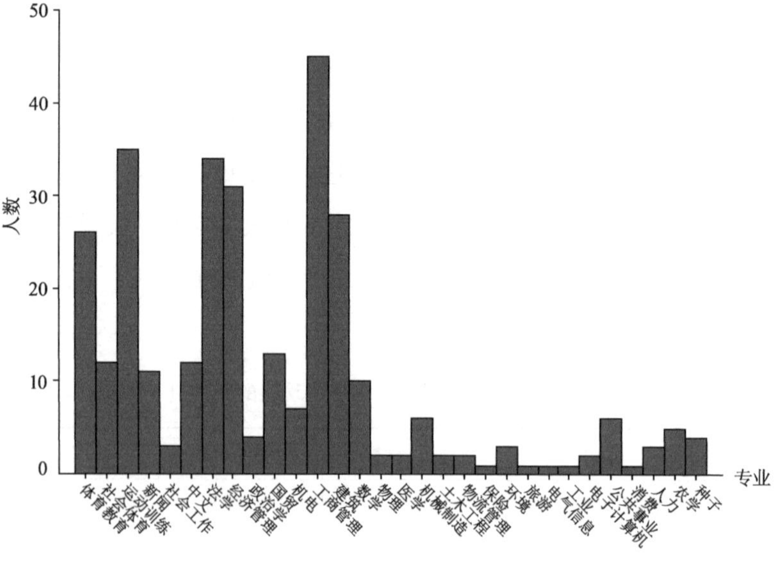

图 5-4 所学专业

14.4%；其次是运动训练专业、法学专业和经济管理专业，分别占调查总人数的11.2%、10.9%和9.9%。这说明学生运动员所学专业文科比重高于理科。由表5-2调查结果可知，在对所学专业喜欢程度中有144人选择喜欢，占调查总人数的46%；非常喜欢、一般、不喜欢和非常不喜欢所学专业分别占调查总人数的29.4%、19.5%、3.8%和1.3%；对所学专业不喜欢和非常不喜欢的共有16人。此外调查得知，多数专业都是招收高水平运动员的高校确定的1～2个文科专业，学生自主选择专业的空间较窄。

表5-2　所学专业喜欢程度（N=313）

选项	数量	数量百分比	累计百分比
非常喜欢	92	29.4%	29.4%
喜欢	144	46%	75.4%
一般	61	19.5%	94.9%
不喜欢	12	3.8%	98.7%
非常不喜欢	4	1.3%	100%
合计	313	100%	—

2）毕业率、就业率与将来的就业方向

对高校64名领导专家调查结果显示（表5-3），大部分运动员的毕业率、就业率在80%以上，占总数的71.9%。

表5-3　运动员毕业率/就业率（N=64）

选项	频数	频数百分比	累计百分比
15%～30%	8/2	12.5%/3.1%	12.5%/3.1%
30%～50%	3/9	4.7%/14.1%	17.2%/17.2%

（续表）

选项	频数	频数百分比	累计百分比
50%～80%	7/7	10.9%/10.9%	28.1%/28.1%
80%以上	46/46	71.9%/71.9%	100%/100%
合计	64/64	100%/100%	—

“毕业后想从事的工作”题项为多项选择，由表5-4调查结果可知，大多数被调查者希望找到与目前学习专业对口的单位，其次是从事社会体育工作、改其他职业等情况，这说明学生运动员希望通过大学的学习，发挥所学专业在其就业岗位的专长，因此大学专业的选择与人才市场的需求关系尤为重要；此外，充分利用自身参与体育的运动经历与经验，投身于社会体育、群众体育或其他行业工作中去，为我国高校培养全面发展的高素质体育人才作出贡献。

表5-4　毕业后想从事的工作（*N*=313）

选项	频数	频数百分比	排序
目前学习专业对口的单位	184	58.79%	1
从事社会体育工作	115	36.74%	2
改其他职业	114	36.42%	3
从事高校教练员	98	31.31%	4
进入职业队继续训练	23	7.35%	5
其他	17	5.43%	6

3）在学校遇到的最大困难

“在学校遇到的最大困难”题项为多项选择，由表5-5调查结果可知，被调查的学生运动员在学校遇到的最大困难的排序依次是将来就业问题、学习与训练时间上的矛盾、学习跟不上、营养跟不上、运动成绩上不去、其他、与同学相处不好等，这表明：第一，现代就业市场对全面发展的高素质人才的需求越来越高，学生运动员感到有危机感，他们想更多地通过继续在大学深造得到提升，成为社会需要的有用人才；第二，“学训矛盾”仍旧是目前我国高校高水平运动队建队以来突出的主要问题之一，解决“学训矛盾”，既要看到其相互对立、相互排斥、相互制约的一面，也要看到其相互联结、相互转化、相互渗透、相互促进的一面，即矛盾的对立统一；第三，高校应给予高水平运动队相应的配套政策，充分利用高校的资源优势，建立科技保障体系。

表 5-5　在学校遇到的最大困难（*N*＝313）

选项	频数	频数百分比	排序
将来就业问题	182	58.15%	1
学习与训练时间上的矛盾	153	48.88%	2
学习跟不上	109	34.82%	3
营养跟不上	83	26.52%	4
运动成绩上不去	70	22.36%	5
其他	17	5.43%	6
与同学相处不好	16	5.11%	7

5.1.4　管理情况

1）基本管理

“对学生运动员的管理”题项为多项选择，由表 5-6 调查结果可知，绝大多数学校对运动员的学习管理有专门的学习计划安排，对大多数学生运动员日常管理与普通学生一样，没有搞特殊化。一般文化学习管理主要有随自然班学习和单独编班两种形式，自然分班加共同管理是主要的形式。其他包括“送教上门”等形式。可见，国内大学与国外大学对学生运动员学习管理逐步接轨。国外大学完全实行学分制，对待运动员与普通在校大学生一样，运动员学习成绩达不到一定的绩点，不仅拿不到学位，同时不能参加校队的训练与任何比赛。因此，学生运动员培养与管理的体制问题，需要更加强调学分制。

表 5-6　对学生运动员的管理（N＝313）

选项	频数	频数百分比	排序
与其他普通学生一起住宿	147	46.96%	1
同普通学生要求一样，没有特殊性	126	40.26%	2
学生运动员独自编班	122	38.98%	3
在学分上要求没有普通学生多	64	20.45%	4
其他	7	2.24%	5

这种日常管理的形式对周围群体（包括同学、朋友、老乡等）产生的影响不容忽视，“对周围群体产生的影响”题项为多项选择，由表 5-7 调查结果可知，最大的影响是带动了他们参加体育锻炼的积极性；其次是使他们获得了更多的体育知识；再次是使他们对体育产生了浓厚的兴趣、他们变得更喜欢观看体育比赛。例如：清华大学采取自主培养的新模式，以培养世界冠军、全国冠军的 A 类项目，带动普通大学生 B、C 类项目的发展，在校园群众体育中发挥专业引领和带动作用；北京师范大学、吉林大学依托女子足球、女子篮球、女子橄榄球

等高水平运动项目，广泛吸引学生参与体育活动，凝聚一大批爱运动、爱锻炼的忠实“粉丝”，增强同学们对体育运动的兴趣与激情；北京大学、湖南大学高水平运动队协助开展学校体育工作，通过高校竞技体育带动、服务学校体育活动，体育特长生按照“统一训练，分散管理”的模式，分入各院系，和其他同学一起住宿、一起学习，对身边同学开展体育锻炼起到良好的带动和影响作用。

表 5-7　对周围群体产生的影响（*N*＝313）

选项	频数	频数百分比	排序
带动了他们参加体育锻炼的积极性	182	58.15%	1
使他们获得了更多的体育知识	174	55.59%	2
使他们对体育产生了浓厚的兴趣	156	49.84%	3
他们变得更喜欢观看体育比赛（电视、现场）	109	34.82%	4
没有作用	31	9.90%	5
其他	31	1.60%	6

同前所述，学校对学生运动员的管理不搞特殊化，让他们与普通学生一起学习、一起生活，一起感受校园文化底蕴潜移默化的熏陶。学生运动员在良好的学习氛围下，获得了高等学府继续深造的机会；普通学生通过学校建立高水平运动队，对运动项目从陌生到熟悉，从缺乏兴趣到充满激情，为终身体育的培养奠定了良好的基础。2013 年 2 月，教育部副部长郝平强调，各校要把学校体育作为“一把手工程”，纳入学校总体规划，要处理好发展学生群体运动和举办高水平运动队的关系。

2）优惠政策与主要措施

“对学生运动员的优惠政策”题项为多项选择，由表 5-8 调查结果可知，对学生运动员的优惠政策选择最多的是“没什么优惠，同其他学生一样”这一项，说明各高校对学生运动员采取“宽进严出”的举措，提高培养人才质量，通过努力学习拿到真正的“文凭”。此外，其他优惠奖励政策有按竞技成绩分档奖励学分或加分、按入校运动等级定额加分等。

表 5-8　对学生运动员的优惠政策（*N*=313）

选项	频数	频数百分比	排序
没什么优惠，同其他学生一样	149	47.60%	1
提供奖学金	85	27.16%	2
无偿提供好的住宿	60	19.17%	3
免收学费	53	16.93%	4
无偿提供好的饮食	29	9.27%	5
其他	23	7.35%	6

“学校对延误课程学习采取的主要措施”题项为多项选择，由表 5-9 调查结果可知，因训练或比赛等情况延误的课程，大多数学生运动员主要靠自学来弥补缺失的文化课；其次是体育部出资安排所缺课程主讲教师进行额外补课；此外，部分学校还会采取奖励学分、免修部分课程等措施。

表 5-9　学校对延误课程学习采取的主要措施（*N*=313）

选项	频数	频数百分比	排序
靠自学	197	62.94%	1
赛后补课	112	35.78%	2
如成绩好，学校会奖励学分	66	21.09%	3
学校会让免修部分课程	53	16.93%	4

5.1.5　训练、竞赛与运动成绩情况

由表 5-10 调查结果可知，大多数学生运动员对训练条件很满意或基本满意，达到 88.8%；不太满意、很不满意分别占 9.3%和 1.9%。这说明高校运动场馆设施等硬件条件达到了建立高水平运动队的训练基本保障要求。

表 5-10　是否满意训练条件（N=313）

选项	数量	数量百分比	累计百分比
很满意	92	29.4%	29.4%
基本满意	186	59.4%	88.8%
不太满意	29	9.3%	98.1%
很不满意	6	1.9%	100%
合计	313	100%	—

由表 5-11 调查结果可知，参加比赛的次数 5 次及以下的占调查总人数的 68.7%（其中从来没有参加比赛的占调查总人数的 11.2%）；6 次及以上的占调查总人数的 31.3%。这表明大多数高校参加的比赛较少。只有通过校际比赛的竞争交流，才能提高高校竞技体育的水平，这需要体育系统与教育系统通力合作，组织更多的适合高校高水平运动队参与的赛事，从而带动运动项目的发展与普及提高。

表 5-11 参加比赛次数（N=313）

选项	数量	数量百分比	累计百分比
10 次以上	20	6.4%	6.4%
8～10 次	17	5.4%	11.8%
6～7 次	61	19.5%	31.3%
3～5 次	90	28.8%	60.1%
1～2 次	90	28.8%	88.9%
从来没有	35	11.1%	100%
合计	313	100%	—

由表 5-12 调查结果可知，学生运动员运动成绩与入学前相比大幅度提高或略有提高的占 55.3%；基本保持占 27.8%；运动成绩与入学前相比下降甚至大幅度下降的占 17%。

表 5-12 运动成绩与入学前相比（N=313）

选项	数量	数量百分比	累计百分比
大幅度提高	57	18.2%	18.2%
略有提高	116	37.1%	55.3%
基本保持	87	27.8%	83.1%
下降	39	12.5%	95.6%
大幅度下降	14	4.4%	100%
合计	313	100%	—

“运动成绩下降的主要原因”题项为多项选择，由表 5-13 调查结果可知，造成运动成绩下降有诸多原因，其中比赛太少、训练积极性不高是选择最多的。比赛是检验训练质量的直接体现，可以提高专项技战术水平。

表 5-13　运动成绩下降的主要原因（$N=313$）

选项	频数	频数百分比	排序
比赛太少	133	42.49%	1
训练积极性不高	131	41.85%	2
运动训练质量不高	94	30.03%	3
营养得不到保证	90	28.75%	4
训练设备不好	53	16.93%	5
教练员水平有限	24	7.67%	7
其他	28	8.95%	6

“影响运动成绩的主要因素”题项为多项选择，由表 5-14 调查结果可知，在影响运动成绩的主要因素中，依次排序是伤病困扰、训练质量不高、文化课学习压力大、高水平比赛太少、营养不充足、训练场地不足、教练员水平不高等。这些因素表明科学训练与管理、科技保障、教练员执教水平对运动成绩的重要性。

表 5-14　影响运动成绩的主要因素（$N=313$）

选项	频数	频数百分比	排序
伤病困扰	131	41.85%	1
训练质量不高	113	36.10%	2
文化课学习压力大	107	34.19%	3
高水平比赛太少	99	31.63%	4
营养不充足	94	30.03%	5
训练场地不足	83	26.52%	6
教练员水平不高	47	15.02%	7
其他	23	7.35%	8

对是否喜欢所学专业、是否满意训练条件及入校后运动成绩与入学前相比三个问卷题目的选项分别以5、4、3、2、1的分值代替，与学生运动员能否通过自己争取时间来弥补因训练所耽误的学习情况作T检验，如表5-15所示。

表5-15　T检验基本数据表

	争取时间	样本量 *N*	均值 *Mean*	标准差	标准误
是否喜欢	能	217	1.92	0.835	0.057
	不能	96	2.24	0.915	0.093
训练条件	能	217	1.74	0.607	0.041
	不能	96	2.05	0.731	0.075
运动成绩	能	217	2.32	0.998	0.068
	不能	96	2.84	1.127	0.115

T检验结果如表5-16所示，学生运动员能否通过自己争取时间来弥补因训练所耽误的学习与其是否喜欢所学专业、是否满意训练条件及入校后运动成绩与入学前相比情况存在差异，均差分别为－0.32、－0.31、－0.53，显著性为0.00＜0.01。能通过自学弥补学业的学生运动员与所学专业喜欢程度、训练条件满意程度及运动成绩提高程度成正比，反之亦然。换言之，越是喜欢自己的专业、满意训练条件、运动成绩稳固提高的学生运动员越是能通过自己争取时间来弥补因训练所耽误的学习。因此，如何解决“学训矛盾”提高学生运动员的学习积极性，如何改善硬件设施保障运动成绩的提高是高校办队管理层值得思考的问题。

表 5-16　T 检验表

		方差 F	显著性 $Sig.$	T 值	自由度 df	T 值显著性	均差 MD
是否喜欢	方差齐性	2.890	0.090	-3.060	311	0.002	-0.32
	方差不齐性	—	—	-2.953	167.870	0.004	-0.32
训练条件	方差齐性	0.166	0.684	-3.909	311	0.000	-0.31
	方差不齐性	—	—	-3.640	155.437	0.000	-0.31
运动成绩	方差齐性	1.104	0.294	-4.128	311	0.000	-0.53
	方差不齐性	—	—	-3.939	163.662	0.000	-0.53

5.2　普通学生情况分析

被调查的普通学生共 632 名，其中男生为 459 人，占调查总人数的 72.6%；女生为 173 人，占调查总人数的 27.4%；平均年龄 20.5 岁。

5.2.1　对本校高水平运动队开展情况的了解程度

由图 5-5 所示可知，普通学生对本校高水平运动队开展情

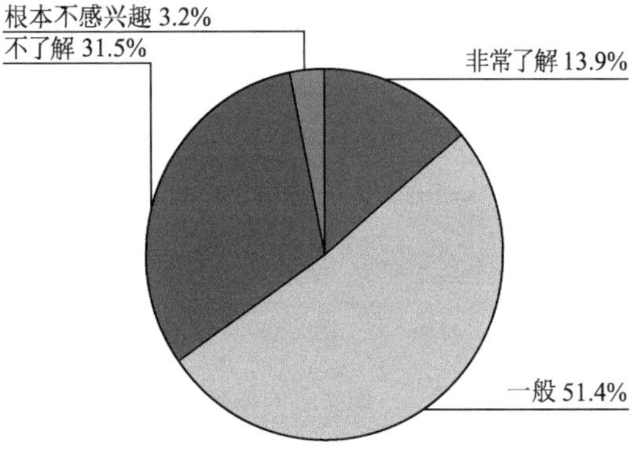

图 5-5　对本校高水平运动队开展情况的了解程度

况的了解程度：一般占调查总人数的51.4%，不了解占调查总人数的31.5%，非常了解占调查总人数的13.9%，根本不感兴趣占调查总人数的3.2%。这表明我国高水平运动队对普通学生的影响力还不够大。

5.2.2 最关心的体育项目和平时参加的体育项目

由图5-6、图5-7多选调查结果可知，篮球、田径、足球、排球、羽毛球、乒乓球等项目是普通学生最关心的体育项目；篮球、游泳、羽毛球、足球、乒乓球等项目是普通学生平时参加较多的体育项目。由此可见，普通学生最关心的和参加较多的体育项目之间的重合率非常高，而且被普通学生关心与参加的体育项目中大多是球类项目和基础项目。

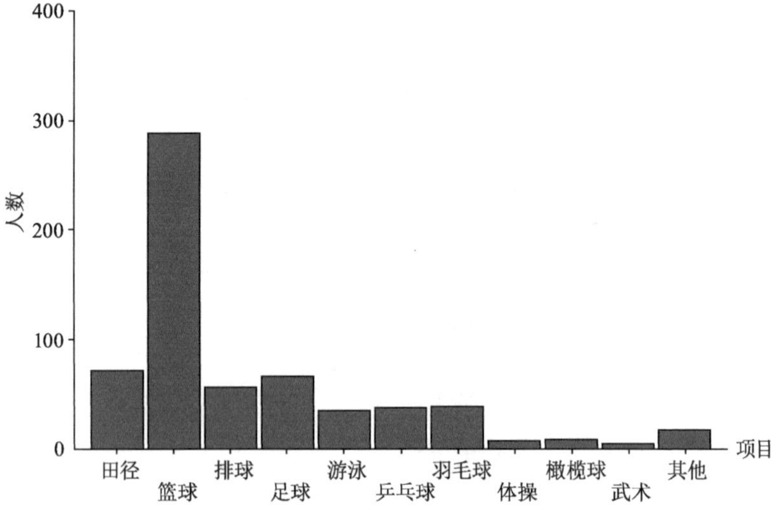

图5-6 最关心的体育项目

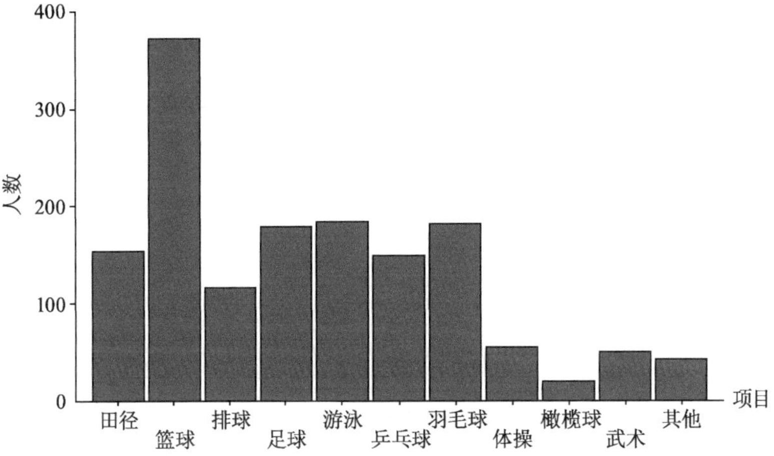

图 5-7　平时参加的体育项目

此外，抽取具有代表性的体育传统强项的学校普通学生选择最关心的体育项目的数据，由表 5-17 调查结果可知，被调查的普通学生（每所高校 20 人）选择其学校开展的体育传统强项占被调查总人数的 50%以上，其中，上海交通大学的篮球选择最多（17 人），其次分别是中国农业大学的橄榄球（13 人）、华东师范大学的健美操（11 人）及华东理工大学的乒乓球（10 人）。这说明高水平运动队在高校的开展，对普通学生产生的积极影响，提升了设项运动的关注度。

表 5-17　部分试办高校传统强项与普通学生最关心的体育项目情况

高校	传统强项	最关心项目占被调查者的比例（$N=20$）
中国农业大学	橄榄球	65%
华东师范大学	健美操	55%
上海交通大学	篮球	85%
华东理工大学	乒乓球	50%

因此，在选择高水平运动队的项目时，要考虑普通学生对其的关注度与参与度，以及对个体动机满足的需要。深受学生喜爱的项目将成为这所学校的项目或传统强项，真正成为学生的项目；反之，没有受到广大普通学生的关注，其项目的发展有可能遇到困难。

5.2.3 观看体育赛事的情况

"观看体育赛事的目的"题项为多项选择，由表 5-18 调查结果可知，兴趣爱好、休闲放松、社会交往、了解比赛规则，以及提高自己的运动水平是普通学生观看体育赛事的主要目的。

表 5-18 观看体育赛事的目的（*N*＝632）

选项	频数	频数百分比	排序
兴趣爱好	391	61.87%	1
休闲放松	364	57.59%	2
社会交往	171	27.06%	3
了解比赛规则	115	18.20%	4
提高自己的运动水平	114	18.04%	5
情感发泄	70	11.08%	6
其他	13	2.06%	7

由图 5-8、图 5-9 调查结果可知，普通学生对喜爱的体育赛事直播观看情况：有时间就看的占被调查者的 56.8%，偶尔看的占被调查者的 26.4%，有比赛必看的占被调查者的 12.2%，基本不看的占被调查者的 4.6%；偶尔去现场观看体

育赛事的占被调查者的 63.8%，从不去现场观看的占被调查者的 18.4%，经常去现场观看的占被调查者的 17.8%。有比赛必看直播和经常去现场观看的人数只占了一小部分，这与国外高校大学生对本校运动队每场必看的痴迷与热情存在较大的差异，这反映了国内外高校竞技体育诸多因素造成的不同，是值得我们思考的问题。

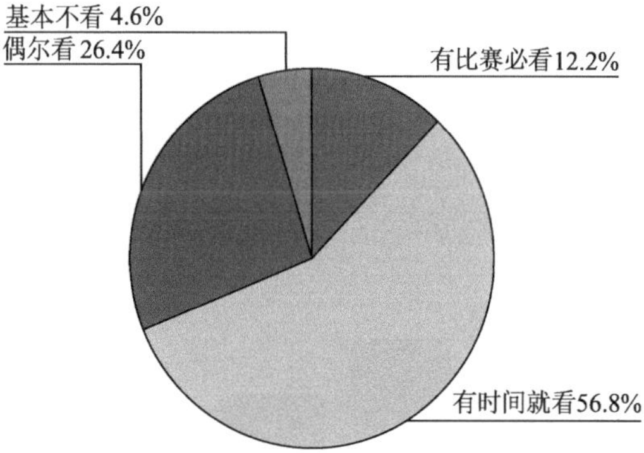

图 5-8 对喜爱的体育赛事的直播观看情况

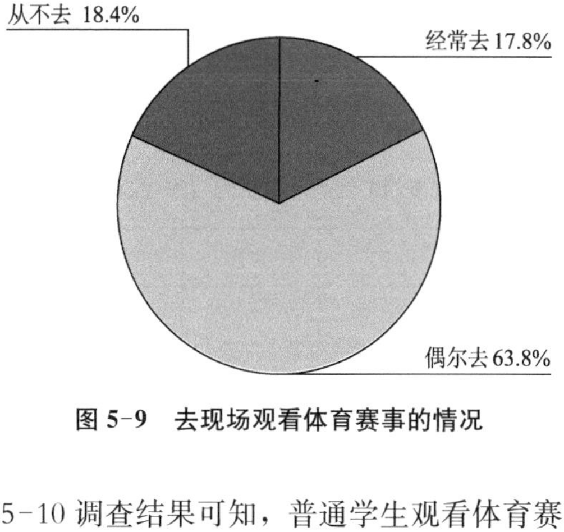

图 5-9 去现场观看体育赛事的情况

由图 5-10 调查结果可知，普通学生观看体育赛事结束后的第一感受选择排序由高到低分别是立即想运动、羡慕能加入运动队、了解并喜欢、没感觉、今后不太想看、开始厌恶。观看比赛后产生厌恶的主要原因由表 5-19 调查结果可知，选择厌恶的原因共计 28 人次，结果表明高校开展的项目对在校普通大学生是否有兴趣，该项目竞技运动水平的高低及竞赛体制是否完善等问题是该项目在校内可持续发展的原动力，甚至是成为传统强项的基础保障条件。

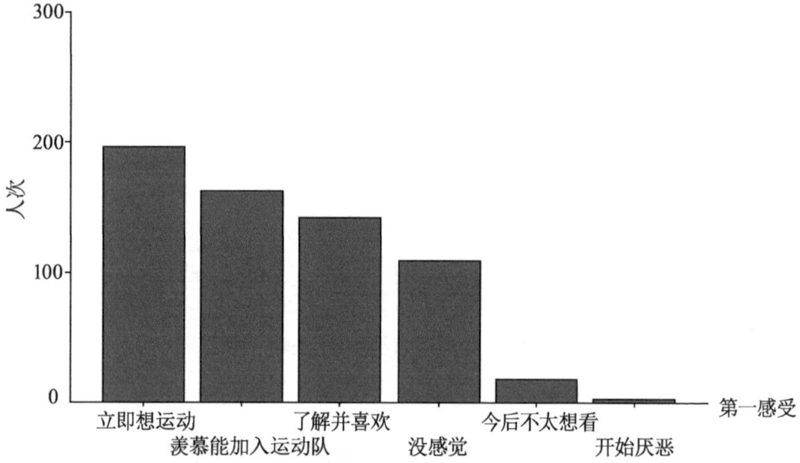

图 5-10　观看体育赛事结束后的第一感受

表 5-19　厌恶的原因（*N*＝28）

选项	数量	数量百分比	排序
比赛水平不高	6	21. 43%	3
不喜欢此类比赛	10	35. 71%	1
对比赛结果很不满意	9	32. 14%	2
其他	3	10. 71%	4

5.3　带队教练员情况分析

5.3.1　基本情况

在被调查的154名带队教练员中，男性教练员为116人，占调查总人数的75.3%；女性教练员为38人，占调查总人数的24.7%。

1）年龄结构

由图5-11调查结果可知，教练员队伍平均年龄39.7岁，21～30岁占调查总人数的8.4%，31～40岁占调查总人数的50.7%，41～50岁占调查总人数的34.4%，51岁及以上占调查总人数的6.5%。教练员年龄结构较合理，属于“中间大，两头小”的类型。

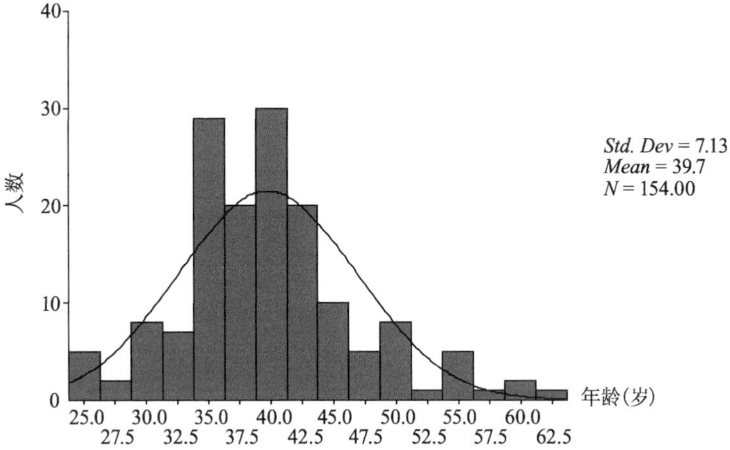

图5-11　年龄结构

2）学历与职称结构

由图 5-12 调查结果可知，所有调查对象中有 104 名带队教练员具有硕士研究生学历，占调查总人数的 67.5%；有 40 名带队教练员具有本科学历，占调查总人数的 26%；有 9 名带队教练员具有博士研究生学历，占调查总人数的 5.8%；有 1 名带队教练员具有专科学历，占调查总人数的 0.6%。

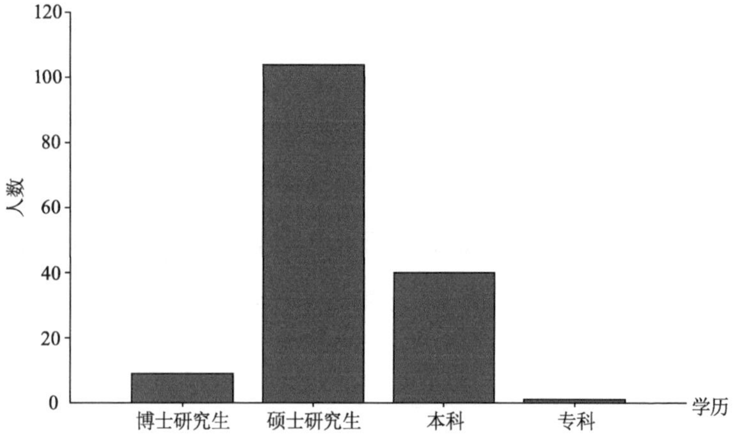

图 5-12　学历结构

由图 5-13 调查结果可知，所有调查对象中有 72 名带队教练员具有讲师职称，占调查总人数的 46.8%；有 59 名带队教练员具有副教授职称，占调查总人数的 38.3%；有 14 名带队教练员具有教授职称，占调查总人数的 9.1%；有 8 名带队教练员具有助教职称，占调查总人数的 5.2%；有 1 名带队教练员只具有教练员等级职称，占调查总人数的 0.6%。我国高校高水平运动队教练员的职称以中级为主。

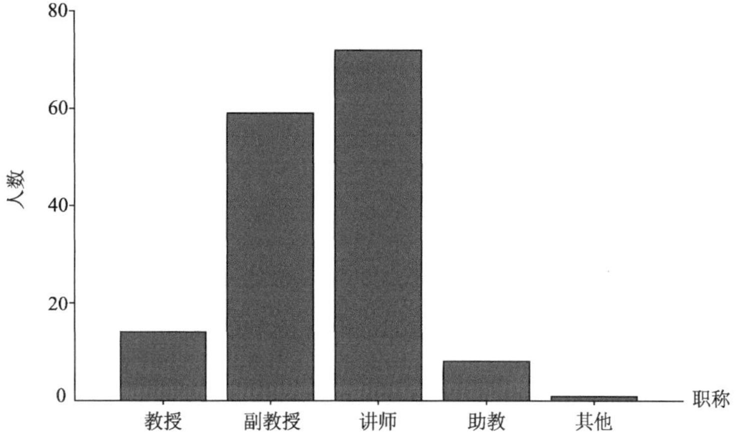

图 5-13　职称结构

3) 运动经历与项目划分

由图 5-14 调查结果可知，被调查的带队教练员的运动经历曾经是省市体校运动员的有 48 人、省市体工队运动员的有 44 人，分别占调查总人数的 31.2%和 28.6%；其次，曾经是

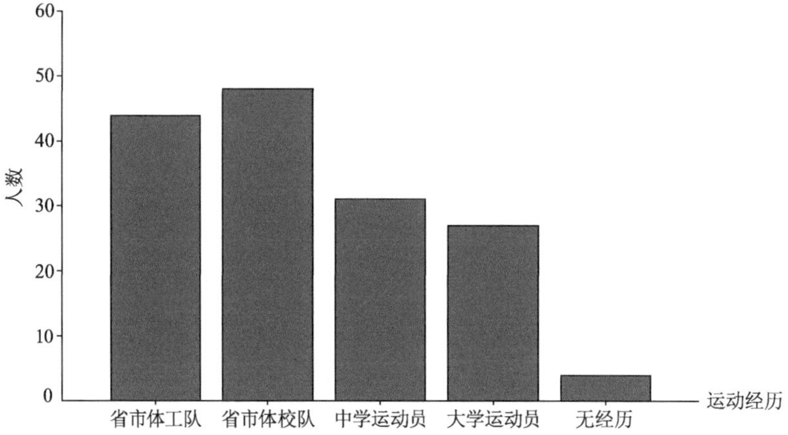

图 5-14　运动经历

中学运动员的有 31 人、大学运动员的有 27 人，占调查总人数的 20.1%和 17.5%；另外，有 4 名带队教练员无运动经历，占调查总人数的 2.6%。

被调查的教练员运动项目划分由图 5-15 调查结果可知，田径 54 人，篮球 45 人，足球 13 人，游泳、排球都为 7 人，橄榄球 6 人，武术、乒乓球都为 5 人，龙舟 4 人，羽毛球、健美操、跆拳道都为 2 人，跳水、网球都为 1 人。

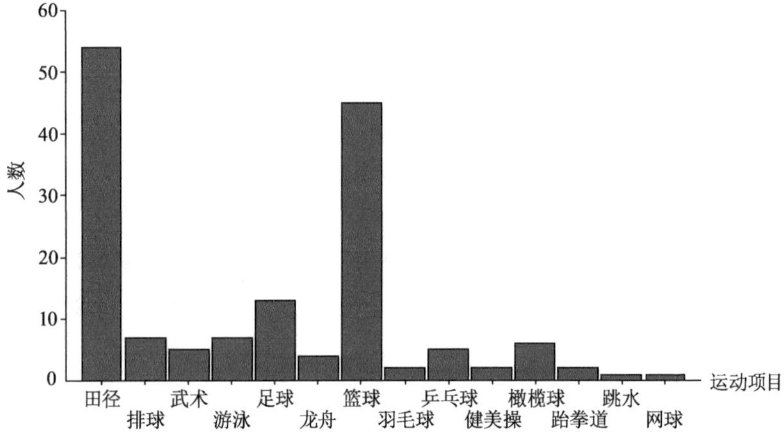

图 5-15　教练员运动项目划分

4）专职程度

被调查的教练员中专职教练有 19 人，占总人数的 12.3%；不是专职教练的有 135 人，占总人数的 87.7%。目前我国高校高水平运动队大多无专职教练，带队教练担负着运动队训练与公共体育课教学的双重任务，工作量相当大，与国外高校外聘专职教练员存在较大差异，这增加了教练专心投入高水平运动队、提高竞技水平与成绩的难度。

将教练员是否专职与其学历、职称情况进行 T 检验，结果如表 5-20、表 5-21 所示。

表 5-20　专职程度与其学历职称结构 T 检验基本数据表

	专职程度	样本量 *N*	均值 *Mean*	标准差	标准误
学历	是	19	2.05	0.621	0.143
	不是	135	2.24	0.535	0.046
职称	是	19	2.58	0.769	0.176
	不是	135	2.48	0.771	0.066

表 5-21　专职程度与其学历职称结构 T 检验表

		方差 *F*	显著性 *Sig.*	*t* 值	自由度 *df*	双尾检验显著性	均差 *MD*
学历	方差齐性	0.173	0.678	-1.378	152	0.170	-0.18
	方差不齐性	—	—	-1.231	21.928	0.231	-0.18
职称	方差齐性	0.075	0.784	0.516	152	0.607	0.1
	方差不齐性	—	—	0.517	23.401	0.610	0.1

从 T 检验的结果可以看出，教练员专职程度与其学历结构、职称结构不存在差异，均差分别为 -0.18、0.1，显著性分别为 0.170>0.01、0.607>0.01。换言之，是否专职与其学历、职称之间没有任何关系。

5.3.2　训练时间与训练次数

“训练时间安排”题项为多项选择，由表 5-22 调查结果可知，训练时间一般安排在下午的最多，选择频数高达 122 次，占调查总人数的 79.22%；之后依次是安排在上午、早上、晚上及学生没课时进行训练。

表 5-22　训练时间安排（N=154）

训练时间	频数	频数百分比	排序
早上	18	11.69%	3
上午	34	22.08%	2
下午	122	79.22%	1
晚上	14	9.09%	4
学生没课时	12	7.79%	5

由表 5-23 调查结果可知，每天平均训练时间 1～2 小时占调查总人数的 54.5%；2～3 小时占调查总人数的 33.8%；3～5 小时占调查总人数的 7.8%；1 小时以下仅占调查总人数的 3.9%。训练时间是提高运动技能和专项成绩的必要前提，只有保证每天不低于 2 小时的训练时间，才能保持运动员的技能水平状态，在有限的时间内提高训练质量。

表 5-23　每天平均训练时间（N=154）

时间	频数	频数百分比	累计百分比
1 小时以下	6	3.9%	3.9%
1～2 小时	84	54.5%	58.4%
2～3 小时	52	33.8%	92.2%
3～5 小时	12	7.8%	100%
合计	154	100%	—

由表 5-24 调查结果可知，有 44.2%的教练员选择每周平均训练 3～4 次；有 39.0%的教练员选择每周平均训练 5～6 次；每周平均训练次数 7 次及以上的仅占 5.1%。能够保证每天训练的高校半数不到，一般是连续 4～5 天的训练课，周末

休息 1～2 天。由于在校运动员学生有训练与学习的双重压力，对于带队教练员们如何在有限的训练时间和训练次数内，合理地实施运动负荷与运动量，提高训练质量，保持高水平的运动技能，实现科学化训练提出了亟待解决的问题。

表 5-24　每周平均训练次数（N＝154）

时间	频数	频数百分比	累计百分比
2 次及以下	18	11.7%	11.7%
3～4 次	68	44.2%	55.8%
5～6 次	60	39.0%	94.8%
7～8 次	5	3.2%	98.1%
9 次及以上	3	1.9%	100%
合计	154	100%	—

5.4　发展目标

被调查的高校领导专家有 64 名，“我国高校高水平运动队的发展目标定位”题项为多项选择，由表 5-25 调查结果可知，被调查的高校领导专家认为，高校高水平运动队的发展是以提高高校知名度、校园文化建设为主，以培养人才相结合的一种重要手段为主，以参加校际交流体育比赛为主，以参加全国大学生运动会为主的目标定位。今后高校高水平运动队的发展走向，参加世界大学生运动会将不是唯一目标，而要使目前处于边缘的高校高水平运动队纳入整个高校发展的主渠道，在高校国际交流中发挥重要作用将成为重要目标之一。为此，如何调动各方面积极性，全力支持高水平运动队的发展；如何挖掘高水平运动队自身的潜力，促进其水平的提高；如何用市场经济的方式解决高水平运动队发展过程中的困难等是亟待我们解决的核心问题。

表 5-25　我国高校高水平运动队的发展目标定位（$N=64$）

选项	频数	频数百分比	排序
以提高高校知名度、校园文化建设为主	44	68.75%	1
以培养人才相结合的一种重要手段为主	39	60.94%	2
以参加校际交流体育比赛为主	37	57.81%	3
以参加全国大学生运动会为主	35	54.69%	4
以参加世界大学生运动会为主	23	35.94%	5
以提高国家竞技体育水平为主	18	28.13%	6
以满足学生的竞技体育需求为主	16	25.00%	7
其他	0	0	8

此外，“确定我国高校高水平运动队发展目标时应考虑的因素”题项为多项选择，由表 5-26 调查结果可知，确定我国高校高水平运动队发展目标时应考虑社会/道德教育目标、提高学校知名度和声誉、学生健康目标、学习目标、提高国家竞技体育水平等因素。

表 5-26　确定我国高校高水平运动队发展目标时应考虑的因素（$N=64$）

选项	频数	频数百分比	排序
社会/道德教育目标	43	67.19%	1
提高学校知名度和声誉	43	67.19%	1

（续表）

选项	频数	频数百分比	排序
学生健康目标	37	57.81%	3
学习目标	28	43.75%	4
提高国家竞技体育水平	27	42.19%	5
获得经费资助	18	28.13%	6
赢得更多比赛	15	23.44%	7
市场化目标	15	23.44%	7
其他	4	6.25%	9

5.5 发展的内动力

内动力（internal dynamics）是指促使有机体产生一定行为的内部力量。值得注意的是，问卷对领导专家、带队教练和普通老师三类不同被调查对象对高校开展高水平运动队的内动力进行调查。“高校开展高水平运动队的内动力”题项为多项选择，由表5-27调查结果可知，排序前三的“完全认同”：第一是提高学校知名度（品牌效应），促进学校发展；第二是鼓励和激发在校普通学生参与体育锻炼，增强体质，塑造和谐校园；第三是高校体育健康、可持续性发展。三类不同被调查对象的不同意见仅仅表现在对“传统体育项目，百年传承”“为国家培养优秀运动员”“获得更多的资源和政策优惠”的排序上。总体上反映出这三类被调查对象认为，开展高水平运动队的内动力主要表现在是否有利于学校的自身发展上。

表 5-27 高校开展高水平运动队的内动力

	选项	频数	排序
领导专家（$N=64$）	提高学校知名度（品牌效应），促进学校发展	49	1
	鼓励和激发在校普通学生参与体育锻炼，增强体质，塑造和谐校园	43	2
	高校体育健康、可持续性发展	35	3
	传统体育项目，百年传承	33	4
	获得更多的资源和政策优惠	22	5
	为国家培养优秀运动员	19	6
	作为兴建新的体育场馆的理由	5	7
带队教练（$N=154$）	提高学校知名度（品牌效应），促进学校发展	101	1
	鼓励和激发在校普通学生参与体育锻炼，增强体质，塑造和谐校园	98	2
	高校体育健康、可持续性发展	89	3
	传统体育项目，百年传承	58	4
	为国家培养优秀运动员	50	5
	获得更多的资源和政策优惠	34	6
	作为兴建新的体育场馆的理由	13	7
普通老师（$N=152$）	提高学校知名度（品牌效应），促进学校发展	105	1
	鼓励和激发在校普通学生参与体育锻炼，增强体质，塑造和谐校园	90	2
	高校体育健康、可持续性发展	88	3
	传统体育项目，百年传承	63	4
	为国家培养优秀运动员	62	5
	获得更多的资源和政策优惠	42	6
	作为兴建新的体育场馆的理由	16	7

我们进一步对高校高水平运动队的开展对学校本身发展，以及对推动大学生体育发展的积极促进作用之间的相关系数进行分析，结果如表 5-28 所示：高校高水平运动队的开展，对学

表 5-28　高校高水平运动队的开展对学校本身发展以及对推动大学生体育发展的积极促进作用之间的相关系数分析

			对学校本身发展	对推动大学生体育发展
领导专家	对学校本身发展	Pearson Correlation	1	.795 (**)
		Sig. (2-tailed)	.	.000
		N	64	64
	对推动大学生体育发展	Pearson Correlation	.795 (**)	1
		Sig. (2-tailed)	.000	.
		N	64	64
带队教练	对学校本身发展	Pearson Correlation	1	.786 (**)
		Sig. (2-tailed)	.	.000
		N	154	154
	对推动大学生体育发展	Pearson Correlation	.786 (**)	1
		Sig. (2-tailed)	.000	.
		N	154	154
普通老师	对学校本身发展	Pearson Correlation	1	.638 (**)
		Sig. (2-tailed)	.	.000
		N	152	152
	对推动大学生体育发展	Pearson Correlation	.638 (**)	1
		Sig. (2-tailed)	.000	.
		N	152	152

**: Correlation is significant at the 0.01 level (2-tailed).

校本身发展，以及对推动大学生体育发展的积极促进作用之间是高度相关的，相关系数分别为 0.795、0.786、0.638，显著性为 0.000<0.05。

“高校领导专家对提高我国高校高水平运动队开展积极性可采用的措施”题项为多项选择，由表 5-29 调查结果可知，其次序为：①国家教育部门应为开展高水平运动队的高校提供一定的政策优惠和制度法规保障；②开展高水平运动队的高校应有更多的自主权；③采取多元化途径来筹资解决经费问题；④国家体育部门应为开展高水平运动队的高校提供一定的政策优惠和制度法规保障；⑤积极推广市场化，培育对学校发展带来的经济效应等措施。

表 5-29　高校领导专家对提高我国高校高水平运动队开展积极性可采用的措施（$N=64$）

选项	频数	频数百分比	排序
国家教育部门应为开展高水平运动队的高校提供一定的政策优惠和制度法规保障	41	64.06%	1
开展高水平运动队的高校应有更多的自主权	38	59.38%	2
采取多元化途径来筹资解决经费问题	34	53.13%	3
国家体育部门应为开展高水平运动队的高校提供一定的政策优惠和制度法规保障	28	43.75%	4
积极推广市场化，培育对学校发展带来的经济效应	24	37.50%	5
其他	4	6.25%	6

5.6　高校高水平运动队的管理体制与运行机制

由图 5-16 调查结果可知，目前主要的三种高校高水平运动队管理体制中，校长负责制占 10.6%，体育部负责制占 63.6%，教练员负责制占 21.2%。

由表 5-30 分析结果可知，高校高水平运动队具备一套完善的管理体制和机制与校领导重视程度的相关系数为 0.348，

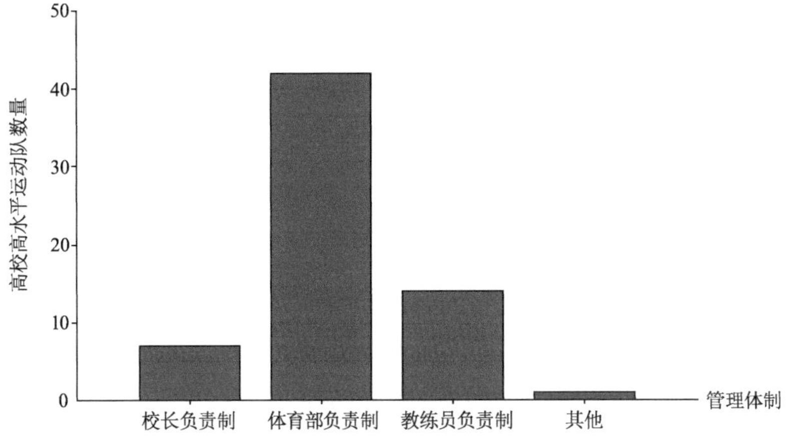

图 5-16　高校高水平运动队管理体制

显著性为 0.005<0.05。由此可以认为，高水平运动队具有完善的管理体制和机制的高校，往往校领导对高水平运动队也比较重视；同时也可以认为，校领导对高水平运动队比较重视的高校应当建立起完善的管理体制和机制，才能促进高校高水平运动队的可持续发展。

表 5-30　具备完善的管理体制和机制与领导重视程度的相关系数

		完善的管理体制和机制	领导重视程度
完善的管理体制和机制	Pearson Correlation	1	−.348（**）
	Sig.（2-tailed）	.	.005
	N	64	64
领导重视程度	Pearson Correlation	−.348（**）	1
	Sig.（2-tailed）	.005	.
	N	64	64

**：Correlation is significant at the 0.01 level (2-tailed).

5.7 经费投入比例与经费来源

从调查中发现，高等院校平均每年的体育经费约为100万元，由表5-31调查结果可知，大部分学校投入高水平运动队的经费约占体育经费的比例在41%～60%，也就是平均每年投入本校高水平运动队的经费在40万～60万元左右，占被调查高校的76.6%；比例在61%及以上的仅有4所高校，只占6.2%。同时，被调查学校认为达到40万～60万元的经费投入，才能基本满足大学竞技体育的需要。

表5-31　经费投入比例（*N*=64）

选项	频数	频数百分比	累计百分比
20%及以下	11	17.2%	17.2%
21%～40%	22	34.4%	51.6%
41%～60%	27	42.2%	93.8%
61%及以上	4	6.2%	100%
合计	64	100%	—

我国高校高水平运动队的经费来源主要有三种形式，分别是学校拨款、外来赞助和体育部门自筹。由图5-17调查结果可知，所有学校的体育经费主要来源于学校拨款，占总数的95.2%。体育部门自筹、外来赞助仅占4.8%。目前我国高校高水平运动队的经费来源渠道比较单一，多途径的市场化经费筹措寥寥无几。这与我国高校竞技体育自身的市场化发展程度不高有关，高校竞技体育市场化的推广亟待开发。[①]

① 郭振.日本大学的竞技体育组织[J].体育学刊，2015，22(3)：102-105.

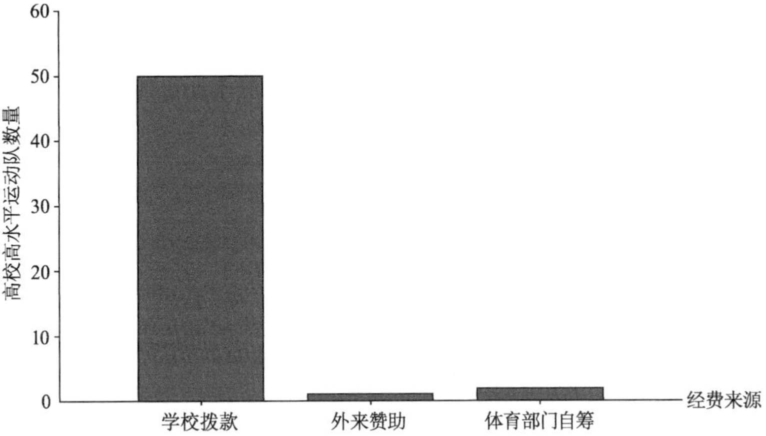

图 5-17　经费来源

由表 5-32 分析结果可知，高校投入高水平运动队的经费能满足其需要程度与所投入的经费比例的相关系数为 0.327，显著性为 0.008<0.05。因此，我们可以认为，高校对高水平运动队投入的经费比例与是否能满足高水平运动队的需要息息相关。

表 5-32　经费需要程度与经费比例的相关系数

		经费需要程度	经费比例
经费需要程度	Pearson Correlation	1	.327（**）
	Sig.（2-tailed）	.	.008
	N	64	64
经费比例	Pearson Correlation	.327（**）	1
	Sig.（2-tailed）	.008	.
	N	64	64

**：Correlation is significant at the 0.01 level (2-tailed).

5.8 项目设置

由表 5-33 调查结果可知，高校开展高水平运动队项目设置数 3～4 个的最多，占总数的 48.5%。可见每所高校进行项目设置时，首先应当遵循以人为本的原则，满足广大学生的体育兴趣和学校自身发展需要，同时顾及学校的传统强项和具体的设施条件。

表 5-33 项目设置（*N*=64）

选项	频数	频数百分比	累计百分比
1～2 个	13	20.3%	20.3%
3～4 个	31	48.5%	68.8%
5～6 个	15	23.4%	92.2%
7 个及以上	5	7.8%	100%
合计	64	100%	—

按照《教育部上海市人民政府共建国家教育综合改革试验区战略合作协议》和领导小组 2012 年工作会议确定的关于“允许上海在符合国家标准的前提下自主确定试办高水平运动队高校”的精神，今后上海将在设项方面具有较大的自主权。

5.9 本章小结

通过对 33 所高校高水平运动队的调查与实地访谈，调查时间虽已近十年，但问题依然存在，结合目前我国高校高水平运动队的发展现状进行深入的分析，也暴露出当前存在同样的问题，亟待我们去积极探索，寻找解决问题切实可行的措施方案。存在的主要问题有：

第一，被调查的学生运动员在学校遇到的最大困难，选择“学习与训练时间上的矛盾”的占调查总数的48.88%，这说明“学训矛盾”仍旧是目前我国高校高水平运动队建队以来突出的主要问题之一。解决“学训矛盾”，既要看到其相互对立、相互排斥、相互制约的一面，也要看到其相互联结、相互转化、相互渗透、相互促进的一面，即矛盾的对立统一。学生运动员培养与管理的体制问题，需要更加强调学分制。

第二，伤病困扰、训练质量不高是影响运动成绩的主要因素，这说明对高水平运动队建设的科技保障体系有待建立。现代竞技体育不能脱离科技保障，要依靠高校多学科的优势为高水平运动队的训练竞赛、为运动员的健康提供科技保障。

第三，参加比赛的次数5次以下的占调查总人数的68.8%（其中从来没有参加比赛的占调查总人数的11.2%）；此外，学生运动员运动成绩下降主要原因中“比赛太少”排序第一，占调查总人数的42.49%，这说明大多数高校参加的比赛较少。只有通过校际比赛的竞争交流，才能提高高校竞技体育的水平，这需要体育系统与教育系统通力合作，组织更多的适合高校高水平运动队参与的赛事，从而带动运动项目的发展与普及提高。

第四，普通学生最关心的和参加较多的体育项目之间的重合率非常高，而且被普通学生关心与参加的体育项目中大多是球类项目和基础项目。此外，抽取普通学生选择最关心的体育项目是其学校开展的体育传统强项占被调查总人数的50%以上，这说明在选择高水平运动队的项目时，要考虑普通学生对其的关注度与参与度及对个体动机满足的需要。深受学生喜爱的项目将成为这所学校的项目或传统强项，真正成为学生的项目。

第五，被调查的 154 名教练员中是专职教练的有 19 人，仅占总人数的 12.3%，这说明高校高水平运动队缺乏专职教练员。带队教练担负着运动队训练与公共体育课教学的双重任务，工作量相当大，与国外高校外聘专职教练员存在较大差异，这增加了教练专心投入高水平运动队、提高竞技水平与成绩的难度。

今后高校高水平运动队的发展走向，参加世界大学生运动会将不是最终目标，而要使现在处于边缘的高校高水平运动队纳入整个高校发展的主渠道，在高校国际交流中发挥重要作用。如何调动各方面的积极性，全力支持高水平运动队的发展；如何挖掘高水平运动队自身的潜力，促进其水平的提高；如何用市场经济的方式解决高水平运动队发展过程中的困难等是亟待我们解决的核心问题。

第6章 我国高校高水平运动队的现有模式分析

6.1 我国普通高校高水平运动队模式分析

为了进一步发掘我国高校高水平运动队的基本经验和存在的主要问题，我们选取6所高校作为案例研究对象。这6所高校都是我国高校试办高水平运动队以来比较成功的典型代表：清华大学跳水队虽然由于年龄等问题不适宜在高校开展，但它是自主培养世界顶级学生运动员的成功案例；中国农业大学橄榄球队是本土最早推广这项运动、直接作为国家队参赛的案例；华东理工大学乒乓球队是代表高校参加国内顶级联赛的成功典范；上海金融学院击剑队是把市级一线运动队办到高校，作为上海市队的首例尝试；上海对外贸易学院冰壶队刚刚组建，是我国开展稀缺项目，明确作为上海市代表队的案例；华东师范大学健美操队是高校开展非奥运项目比较成功的案例。

对每一个案例都按照办队目标、主要任务和运作方式（含管理模式、学生运动员情况、教练员情况、训练情况、竞赛情况、经费情况、科技保障和主要问题八个要素）展开分析。

6.1.1 案例一 自主培养模式——清华大学跳水队

1994年，清华大学进行运动员培养体制改革，开始培养高水平学生运动员，积极探索以大学为基地、横向与体育系统合作、纵向与中小学衔接的模式：一方面发挥大学—附中—附小“一条龙”教育资源整合的优势，保证学生的文化教育；另一方面加强与体育系统的合作，获取政策支持，提高学生的运动水平。清华体育代表队是清华体育的一个典型代表，现已成为全国高校中最大最完整的学校体育代表队，有26个项目36支队伍，分为A、B、C三类队，共有500多名队员。A类为高水平运动队，是代表队中的领头羊，在推动群众体育的同时，还肩负着培养国家高水平高素质学生运动员的使命。

清华竞技体育的特点：育人至上、追求卓越；大、中、小学相衔接；进入竞技体育主战场；注重教练选拔与培养；提倡在校在读与在训；充分发挥大学的优势。清华的自主培养模式是一种尝试，坚持以我为主，是在探索中国竞技体育举国体制的有益补充形式，是在探索适合中国国情的培养高素质高水平优秀竞技体育人才的新途径。

1）办队目标与主要任务

清华大学跳水队以“体脑平衡，追求卓越”为建队宗旨：针对跳水项目运动员启蒙训练开始早、年龄小、技术性强、训练周期长等基本特点，以人的发展为主线，以培养运动员的能力为先导，以运动训练和文化学习为核心，力图使学生运动员在运动训练专业水准、思想道德品质和科学文化素质三个方面均衡发展。

2）运作的基本情况

（1）管理模式：实行分散学习、集中训练、集中住宿、开放环境、闭环管理；由领队、教练员、辅导员、管理人员参与的全员管理，制定了一系列的规章制度和管理流程。坚持“育人至上”的方针，严格要求和管理运动队、运动员，坚持“不吃‘药’（兴奋剂）、不作假、不点钱（不搞金钱刺激）”的“三不政策”。

（2）学生运动员情况：运动员中多数是从小开始培养并坚持在普通学校进行系统文化学习的学生运动员，少量是由专业队转过来的运动员学生。学校采取学分制，拉长学制，并可根据一些重大比赛的需要，采取“暂时中断学业，待比赛结束再恢复学习”的灵活措施。文化学习采用了主科随年级、副科单独补的基本模式，队员实现了主科良好、副科不缺的文化学习目标。

（3）教练员情况：聘原国家跳水队副总教练于芬为总教练，另配备2名助理教练。

（4）训练情况：每周训练6次，每次4小时。

（5）竞赛情况：曾多次参加奥运会等世界大赛并取得冠军。

（6）经费情况：拨款渠道主要是学校拨款，其他经费渠道有市教委、赞助、基金会、自筹等，一年达上百万元。

（7）科技保障：有着世界一流水平的游泳跳水馆，队员就医在学校医务室，科研工作由教练自己做。

（8）主要问题：由于跳水项目的特点，出最高运动成绩的年龄比较小，最初的定位考虑不周全，导致与国家体制碰撞，使队伍办不下去；同时还存在大学生竞赛注册与资格审查等方面的问题。

6.1.2 案例二 本土草根模式——中国农业大学橄榄球队

1990年年底，橄榄球运动进入中国，北京农业大学成立了国内第一支橄榄球队。1994年5月27日，中国大学生橄榄球协会在中国农业大学成立，这是中国橄榄球运动发展的重要里程碑。在国内大学生橄榄球运动的推动下，国家体委于1996年10月正式成立中国橄榄球协会。1997年3月，国际橄榄球理事会正式接纳中国加入，并成为该理事会第96个会员国。从此，中国橄榄球运动全面与国际橄榄球运动接轨，得到了迅速发展。这支本土的草根队伍既代表大学生，又作为国家队，真正地探索了体教结合的实施途径，成为国内高校中比较成功的模式。

1）办队目标与主要任务

在多年的实践和探索中，坚持走体教结合培养后备体育人才的道路；形成国外运动文化与本土运动文化的交融，萃取精华，发扬体育拼搏精神；一切工作以学生为中心，围绕学生的全面发展而开展；提升校园体育氛围，推动校园橄榄球运动的普及，创建学校品牌；以达到文化上台阶、体育出成绩、管理创一流的目标和任务。

2）运作的基本情况

（1）管理模式：学校与体育部共同管理的模式。

（2）学生运动员情况：以山东为主要生源地，单独组班，单独制定培养计划；就读于人文与发展学院的法学专业、经管学院的经管专业（其中小部分人）；基础课和专业课修110个学分，运动训练和竞赛有 50 个学分，共计修满 160 个学分；严格执行缺课 1/3 需进行重修，公共课达到 40 分算及格，缺课 1/2 不能毕业；取得比赛名次的学生有相应文化课的加分，每门都加分，最高加 40 分，选修课免修；与各省市队合作，注册采取双注册；毕业率 100%，就业方向各行各业都有。

(3) 教练员情况：男、女两队（7 人制），郑红军为总教练，主教练各 1 人，执行教练各 1 人。

(4) 训练情况：训练时间每天下午 3 点半到 6 点，晚上 7 点到 9 点半；日训练 5 小时，周训练 35 小时。学生训练费每人每天补贴 5 元，假期训练管吃。训练场地条件比较差，场地资源紧缺，没有独立的训练场地（与校足球队共用）。

(5) 竞赛情况：2006 年，以本校学生为主的中国橄榄球男队在多哈亚运会上获得铜牌，实现中国男子橄榄球队在亚运会上历史性的突破。2010 年 11 月，在广州亚运会上，以本校学生为主的中国橄榄球女队夺得银牌，男队获得第四名。自全运会立项以后，各省市都十分看重这一冷门项目的夺金机会。由于北京队组队时间不长，需要锻炼队伍，因此造成邀请农大参加的比赛（如全国锦标赛、全国冠军赛等）全部由北京队参加。所以，中国农大橄榄球队除只能参加香港邀请赛外，已经多年没有任何国内比赛可以参加。全运会已经影响到中国农大橄榄球队未来的发展和生存问题。

(6) 经费情况：主要由学校直接拨款，每年 60 万元。

(7) 科技保障：比赛期间配备 1 名队医，平时队员就医在学校医务室；科研工作几乎空白。

(8) 主要问题：缺乏比赛；生源质量近年来较差；缺乏伤

病康复手段和医疗保健；训练条件非常差；缺少教练员培训机构；经费短缺；学校领导是否支持等问题。

6.1.3 案例三 “一条龙”培养模式——华东理工大学乒乓球队

自20世纪80年代中期起，华东理工大学就确立了以乒乓球为特色项目的学校体育人才培养目标。1988年招收第一届乒乓球高水平学生运动员，女队自1992年起一直代表国家参加各级各类国际大学生乒乓球赛事，并获得了所有的冠军。同时，俱乐部积极探索大—中—小“一条龙”培养乒乓球后备人才的崭新模式，先后与上海中学、华育中学、启新小学、逸夫小学等签署“一条龙”培养协议。

1996年正式成立华东理工大学乒乓球俱乐部，并参加了第二届中国乒乓球俱乐部超级联赛，同时探索市场化运作的道路。俱乐部先后与上海电信、上海能化、圣雪绒、山西大土河等公司签约，作为唯一一支业余球队连续多年征战中超联赛。2007年俱乐部两支队伍同时跻身中超联赛，并于2008年夺得联赛第一阶段第三名、总决赛第四名的好成绩，被媒体称为“乒坛奇迹”。

1）办队目标与主要任务

代表中国大学生参加世界大学生运动会和各类乒乓球赛事，代表上海大学生参加全国大学生运动会和各类乒乓球赛事，参加中国乒乓球超级联赛，在高校普及推广乒乓球运动，提高乒乓球运动水平，丰富乒乓球文化。

2）运作的基本情况

（1）管理模式：实行俱乐部制的管理模式，乒乓球队除文化课学习在本校体育科学与工程学院进行外，训练、比赛包括经费来源等是完全独立的。

（2）学生运动员情况：全日制本科。所有高水平运动员统一安排在国际经济与贸易专业（运动员班）进行文化课学习。体育科学与工程学院配有专门的文化课老师，毕业须完成相应学分。并且，对运动成绩优秀的运动员有奖励机制和保研机制。目前，运动员毕业率100%、就业率100%。

（3）教练员情况：教练员队伍以专职教练员为主，设总教练1名、教练员2名。在重大赛事备战期会与相关教练签订协议，并按协议执行相关奖惩标准。

（4）训练情况：日训练时间3小时，周训练时间18小时。运动队拥有独立的训练场馆，条件完善。

（5）竞赛情况：2005—2012年乒乓球队共参赛15次，其中参加国际大赛8次、国内大赛7次。多次获得世界大学生运动会、世界大学生乒乓球锦标赛、全国大学生运动会、全国大学生乒乓球锦标赛冠军。

（6）经费情况：经费来源以教育部和上海市教委拨款为主，乒乓球队还有额外赞助。总金额约为150万元/年。

（7）科技保障：医疗采取与校医院合作的模式，学院还配有体适能与康复中心给运动队服务。高水平运动队教练员团队每年要完成科研导向指标——人均论文1篇，人均经费0.2万元。运动员食宿按学校有关标准执行。在重大赛事准备期，食堂有运动员专窗，宿舍配有空调。

（8）主要问题：经费不足，经费使用限制较多；管理人员配置缺乏；训练场地和日常教学有时会发生冲突等问题。

6.1.4 案例四　校、体联合办队模式——上海金融学院击剑队

上海金融学院击剑队是普通高校与地方体育局联合办队模式的成功典范。2007 年，上海金融学院成为全国首家承办省级一线运动队的高校，与上海体育职业技术学院一线击剑队联合培养优秀击剑运动员。这一模式的特点是在体育系统负责训练和承担主要经费的情况下，将专业运动队建制放在普通高校；由体育系统委派教练员或由学校自聘教练员组织训练和管理。

1）办队目标与主要任务

在充分发挥击剑传统项目的优势下，坚持“抓基层、打基础、增后劲、上台阶”的工作思路和“两手抓”的工作方针，即一手抓办好高水平击剑队工作和承办击剑顶级赛事，提高竞技体育水平，一手抓后备人才培养和普及项目发展。代表上海市参加各类国内国际比赛，向国家输送更优秀的人才；进一步以推进击剑项目的推广普及和发展为目标。主要任务是提高击剑项目的竞技水平和普及程度；推广击剑文化，带动其他项目共同发展提高；结合高校人才培养目标，以击剑运动提高人才培养规格。

2）运作的基本情况

（1）管理模式：市教委、市体育局给予政策上的扶持和帮助，管理体制和运行由学校制定各项规章制度，具体负责实施。

（2）学生运动员情况：生源主要从全市各区县少体校选拔优秀的二线运动员和引入外省市优秀的青少年运动员；全日制

学生；专业由学校统一安排就读国际金融学院的金融专业；学校给击剑队的一级以上运动员单独编班，根据运动员的实际情况，要求运动员完成金融专业的全部科目，副科减免，考试全部合格，达到规定的学分，予以毕业，并根据运动员在国家队集训的情况采取远程视频授课教学、大赛后集中补课等多种形式予以补充。毕业率100%，就业率100%。

（3）教练员情况：市花剑队共有男、女2个运动队，专职教练4名，其中男子花剑主、副教练各1名，女子花剑主、副教练各1名。上海金融学院高水平运动队教练3名，无外聘教练员。

（4）训练情况：日训练时间5小时，周训练时间30小时；有专业的击剑训练场馆和装备。

（5）竞赛情况：2007年8月以来，共参加全国比赛31场，共获得奖牌31枚，其中，金牌2枚、银牌9枚、铜牌20枚。最好成绩为2009年全国运动会男子花剑团体第3名，2009年卡塔尔多哈亚洲击剑锦标赛女子花剑个人第8名、女子花剑团体第2名。

（6）经费情况：市体育局每年核拨击剑队100万元人民币的共建专项经费，学校按1∶1配套100万元人民币/年共建经费，接受社会和地方政府及企业的赞助约30万元人民币/年。2011年、2012年市教委连续两年划拨高水平运动队建设扶持项目100万元人民币/年。

（7）科技保障：学校配备给击剑队以专门的运动队餐厅和营养师，住宿在学校教师公寓楼，尽量配备满足运动员休息生活需要的住宿条件。有专门的队医，在科技保障、科研方面与上海市体育局科教处、上海体育职业学院共享资源，并接受他们的指导。

（8）主要问题：一是在训练过程中科学监控较难保障和跟进，因缺乏科研人员及仪器设备，训练监控基本靠教练员主观感觉；二是先进体育设备无法购置，价格昂贵；三是基本生理、生化测试设备缺乏，无专职科研人员。

击剑项目出最高成绩的年龄应在 20～30 岁，适合高校学生 18～26 岁的年龄段，高校教育系统立足自身，提高办队目标，建立高校内培养运动员模式与竞赛平台，代表高校参加各级各类比赛，在更高层次比赛中争金夺银。

6.1.5 案例五 训练中心模式——上海对外贸易学院（后更名为“上海对外经贸大学”）冰壶队

某些竞技体育项目如水上运动、冰上运动，由于对场地设施条件有较高要求，因此，需要依托市体育局和市教委的运动训练中心，走训练中心与学校联办的模式。上海对外贸易学院冰壶队走的就是这种运作模式。

在“人无我有，人有我优”的办队优势下，使冰壶项目形成普及与提高并行发展的格局，带动学校体育工作的开展，传播体育文化，扩大学校知名度，吸引学生参与体育运动，形成“高水平运动队—俱乐部—体育课程”校内“一条龙”的特色项目。

1）办队目标与主要任务

代表上海市参加各类比赛，并积极争取代表中国大学生参加世界大学生运动会。探索“把运动队办到学校中去，让优秀运动员从学校走出来”的竞技体育人才发展模式，不断推进上海冰壶运动的发展，传播冰壶文化。

2）运作的基本情况

（1）管理模式：理事会领导下的学校负责制。

（2）学生运动员情况：从每届新生中招收20人，最后坚持下来的只有7～8人，虽然与世锦赛上的专业选手水平差距很大，但这支学生军的诞生开创了中国冰壶界建队的新模式。

（3）教练员情况：目前聘黑龙江省冰壶队队员为总教练，另配备1名体能教练，此外还聘请加拿大籍外教。

（4）训练情况：每周训练5次，每次2小时。2012年12月份开始配备专业训练馆。

（5）竞赛情况：曾多次参加全国比赛，最好成绩是全国冰壶冠军赛第6名。

（6）经费情况：拨款主要有市教委200万元、市体育局17万元、学校30万元。

（7）科技保障：集训时统一食宿，平时不集中。科研工作在建设中。

（8）主要问题：在办队初期同样遇到优秀教练员的选拔、场地标准化等问题。

6.1.6　案例六　特色项目发展模式——华东师范大学健美操队

非奥运项目——健美操，自2007年在华东师范大学建队以来，一直代表上海市、国家队参加国际、国内比赛。这项运动最初就像花园中的种子一样生长，在高校的人文环境中生根，它丰富了校园文化生活，加强了运动训练专业学科的建设，为国家和上海市培养健美操、啦啦操、技巧、健身健美等项目的优秀运动员、教练员、大中小学校的专业师资力量作出了突出的贡献。

1）办队目标与主要任务

为国家、为上海承担国际国内比赛任务，争得荣誉；解决体操类项目退役优秀运动员的后顾之忧，提高运动员的文化理论水平，延续他们的专业职业生涯，延长专业运动寿命；为专业学科的建设、学科评估指标的完成而努力。

2）运作的基本情况

（1）管理模式：在组织机构上，学校实行三级管理——校一级成立了由主管校长负责，并由体育与健康学院、教务处、招生办、纪检委、研究生院、学工部、后勤处、校医院、体育馆、校大学生活动中心等有关院系和职能部门组成了高水平运动队领导小组，全面负责、协调运动员的招生、学习、训练、生活管理、学籍管理、毕业分配、思想教育等事宜；院系一级由体育与健康学院全面具体负责运动队的日常训练与教学；运动队一级，实行教练员负责制，由教练员负责管理队伍，并根据队员的实际情况制订训练和比赛任务。

（2）学生运动员情况：全队现有健美操、啦啦操项目运动员 80 多人，运动员来源是运动训练专业单招的渠道，绝大部分是体工队体操、艺术体操、蹦床、技巧等项目的退役运动员，还有一部分是市级体校、传统体育学校的体操、技巧运动员。学生为在校全日制本科生和研究生，进校前一般为各省市在国家体操运动管理中心注册的体操、艺术体操、技巧、蹦床运动员；进校后他们同样在国家体操运动管理中心注册为健美操运动员。学生均在体育与健康学校运动系，学校制订了《优秀健美操运动员参加重大比赛的学籍管理办法》。对于每年在世界三大赛（世界运动会、世界锦标赛、世界杯）比赛前6名、全国三大赛（锦标赛、冠军赛、大学生单项锦标赛）前3名的运动员进行奖励。一是每年奖励5 000元/人；二是本科四年可以在总学分的基础上少修10个学分，少修课程应为通识选修课和专业任意选修课。目前，毕业率100%，就业率100%。研究生分配在高校或体育局、本科生分配在中学或业余体校担任教师或教练。

（3）教练员情况：无专职、外聘教练员，兼职教练员2名。

（4）训练情况：日训练时间4.5小时，周训练时间27小时；寒暑假每天训练时间达到7.5小时。拥有800多平方米的专业训练馆，条件完善。

（5）竞赛情况：每年参加国际、国内、市级比赛多达6次以上。目前国际级赛事共获得冠军40个、亚军19个、季军5个；亚洲级赛事共获得冠军6个；全国冠军161个、亚军85个。

（6）经费情况：每年学校支持经费60万～90万元，不足部分自筹。

（7）科技保障：与华山医院运动医学专家团队、上海市体操运动管理中心建立合作模式。本队教练和研究生、学校相关专业教授及研究生参与训练的科研工作。

（8）主要问题：竞赛、训练、培训、运动员治疗经费缺口较大；缺少教练员和裁判员学习、培训及聘请国外专家教练的相关经费；须改善场馆设施条件；教练员和专职管理人员严重缺乏。

健美操队的教练员说："给我们一份阳光，我们一定会回报一份灿烂！"她们希望在大、中、小学建立体育训练中心，学生的学习、教育由所在学校及教育部门管理，训练由训练竞赛中心负责，体育管理部门监管，经费分开下拨，做到专款专用。

6.1.7 六个案例的对比分析

为了便于对比研究，对上述6所高校高水平运动队的概括情况与比较详见表6-1、表6-2。

表6-1 6所高校高水平运动队的运作情况

高校	清华大学	中国农业大学	华东理工大学	上海金融学院	上海对外贸易学院	华东师范大学
举办项目	跳水队	橄榄球队	乒乓球队	击剑队	冰壶队	健美操队
管理模式	学校与体育部共管	学校与体育部共管	学校与体育学院共管，实行俱乐部制	市教委、市体育局扶持下的学校负责制	理事会领导下的学校负责制	学校与体育学院共管
学生运动员情况	全日制	全日制	全日制	全日制	全日制	全日制
教练员情况	以专职教练员为主	以专职教练员为主	以专职教练员为主	以专职教练员为主	以专职教练员为主	以兼职教练员为主
训练情况	日训练4小时 周训练24小时	日训练5小时 周训练35小时	日训练3小时 周训练18小时	日训练5小时 周训练30小时	日训练2小时 周训练10小时	日训练4.5小时 周训练27小时
竞赛情况	曾多次参加奥运会等世界大赛取得冠军	曾多次参加亚运会等重大赛事获得奖牌	曾多次参加世界大学生运动会等比赛取得冠军	曾多次参加全国比赛等赛事取得冠军	曾多次参加全国比赛，最好成绩是全国冰壶冠军赛第6名	曾多次参加国际重大赛事取得冠军

（续表）

高校	清华大学	中国农业大学	华东理工大学	上海金融学院	上海对外贸易学院	华东师范大学
经费情况	学校拨款为主 100万元/年	学校拨款为主 60万元/年	教育部和市教委拨款为主 150万元/年	市体育局、市教委拨款、学校配套 300万元/年	市教委拨款为主、市体育局给予一定补贴和学校配套 247万元/年	学校拨款为主 60万～90万元/年
科技保障	较完善	缺乏	缺乏	缺乏	在建设中	缺乏
主要问题	最初的定位考虑不周全，导致与国家体制的碰撞，使队伍办不下去；同时还存在大学生竞赛注册与资格审查等方面的问题	缺乏比赛；生源质量近年来较差；缺乏伤病康复手段和医疗保健；训练条件非常差；缺少教练员培训机构；经费短缺；领导支持态度等问题	经费不足，经费使用限制较多；管理人员配置缺乏；训练场地和日常教学有时会发生冲突等问题	对训练过程科学监控较难保障和跟进；先进体育设备无法购置，价格昂贵；基本生理、生化测试设备缺乏，无专职科研人员	优秀教练员的选拔、场地标准化等问题	经费缺口较大；需改善场馆设施条件；教练员和专职管理人员严重缺乏

表6-2　6所高校高水平运动队的比较

高校	竞技项目		与中国大体协关系	与所在省市关系		备注
	奥运项目	非奥运项目		省市体工队是否设置该项目	是否代表省市参加各类比赛	
清华大学	田径、跳水等	—	代表大学生	是	否	体制外，由于设项碰撞，不代表省市，比赛机会少

（续表）

高校	竞技项目		与中国大体协关系	与所在省市关系		备注
	奥运项目	非奥运项目		省市体工队是否设置该项目	是否代表省市参加各类比赛	
中国农业大学	橄榄球	—	代表大学生	曾经是	目前否	体制外，由于橄榄球项目进入奥运会和全运会，有望解决比赛机会少的问题
华东理工大学	乒乓球	—	代表大学生	是	否	体制外，由于设项碰撞，不代表省市，但通过参加乒超联赛，解决比赛问题
上海金融学院	花剑	—	代表大学生	否	是	体制内，既代表省市，也代表大学生，正常参加比赛
上海对外贸易学院	冰壶	—	代表大学生	否	是	体制外，应邀代表省市，也代表大学生比较规律参加比赛
华东师范大学	—	健美操	代表大学生	否	是	体制外，应邀代表省市，也代表大学生比较规律参加比赛

从以上案例看，这些高校的共同点在于——

在管理体制上，除上海金融学院由市体育局参与管理以外，其他均主要由学校自己负责对高水平运动队的管理和保障；在具体管理上，各校在确保训练和竞赛的同时，均高度重视学生运动员的全面培养和专业学习，并对学生运动员的专业学习作出相应的特殊安排；在训练安排上每周坚持6天训练，每天训练时间一般在4～5小时，部分学校的训练时间更长；经费保障上，经费渠道各有不同，有以学校拨款为主，也有以行政拨款为主，平均每年约100万元；在运动成绩上，除上海对外贸易学院冰壶队刚起步不久以外，其他高校的高水平运动队都具有较高水平，并在国际国内重大比赛中取得过优异成绩。这些运动队的成绩在一定程度上证明，通过在高校办高水平运动队的途径来发展高水平竞技体育是可行的。

目前存在的主要问题是：第一，参加国内主要竞赛的渠道不畅通。这6所高校所选的项目中，有5项是奥运项目，1项是非奥运项目；选择奥运项目的5所高校中有2所明确作为上海市代表队（击剑和冰壶），即作为“体制内”的运动队，另外3所则是“体制外”的运动队。在目前我国的竞技体育体制下，“体制外”选择奥运项目的高校运动队，会与地方体育行政部门所属同项目的专业运动队发生碰撞。这样一来除参加国际或国内大学生比赛以外，该队将很少有机会参加国家体育总局系统的国内重要比赛。华东理工大学乒乓球队是其中唯一的例外，由于竞技水平高，该乒乓球队被允许参加国内乒乓球超级联赛，基本解决了全年度参加比赛的问题，但是大学生参加职业俱乐部联赛，从身份上总是难以自圆其说。与此同时，要是“体制外”的高校运动队选择的是非奥运、非全运项目，由于地方体育行政部门不设置这些项目的运动队，加上技术水平比较高，因此有机会代表省市和大学生参加各类比赛，使运动队获得更多的发展机遇。例如，华东师范大学健美操队由于竞技水平较高，多次代表中国大学生参加世界大学生运动会比赛，同时也代表上海市参加国内重要比赛。第二，教练员力量有待增强，训练水平有待提高。我国高水平教练员主要集中在体育系统中，所以有必要探讨高水平教练员进入高校校园的问题。第三，尚未依靠本校多学科优势，为运动队提供必要的科技保障。

由此可见，一方面，在我国目前的竞技体育体制下，高校在设置高水平运动队的项目时，不得不顾及省市体工队是否同样设置该项目，尽量错位发展；另一方面，高校系统应当举办更多的大学生比赛，以满足高校高水平运动队的实际需要。

6.2 我国体育院校高水平运动队模式分析

我国有 14 所独立设置的体育院校。这些体育院校的高水平运动队以往没有被视为高校高水平运动队的组成部分，因此本研究中把体育院校的高水平运动队作为特殊情况来进行分析。

2005 年，教育部、国家体育总局颁布的《关于进一步加强普通高等学校高水平运动队建设的意见》(教体艺〔2005〕3 号）第三条明确指出："体育院校高水平运动队建设也是普通高等学校高水平运动队建设的重要组成部分，要高度重视、大力支持体育院校的高水平运动队建设。"这说明体育院校同样在高水平运动队建设中发挥着不容忽视的重要作用。

我国独立设置的体育院校中有 6 所院校原隶属于国家体育总局。2001 年，其中 5 所体育学院即上海、武汉、成都、西安、沈阳体育学院划转地方，实行中央与地方共建共管、以地方为主的体制，而北京体育大学继续隶属于国家体育总局管理。

上述体育院校的高水平运动队是国家奥运争光计划的一部分，同时也是各省市完成全运会任务的竞技人才的重要补充。从目标和运作管理的特点出发，体育院校的高水平运动队大致有3种不同情况：第一种是体育院校附属竞技体育学校的高水平运动队，第二种是近年来出现的体育院校下属单项二级学院的高水平运动队，第三种是其他运动项目的高水平运动队。下面将对前两种高水平运动队展开分析。

6.2.1　体育院校附属竞技体育学校的高水平运动队

体育院校附属竞技体育学校是国家体育总局批准的“国家高水平体育后备人才基地”，主要目标是培养在奥运会等世界重大比赛或者在国内重大比赛中获取优异成绩的高素质、有文化的优秀竞技体育人才。

从各大体育院校附属竞技体育学校的项目设置情况来看（表6-3），目前，6所体育院校附属竞技体育学校所选择的运动项目中排名第1位的是田径和武术，有5所学校选择，占附属竞校总数的83.33%；排名第2位的是跆拳道和散打，有4所学校选择，占附属竞校总数的66.67%；拳击、柔道、摔跤各有3所学校开设，占附属竞校总数的50%；篮球有2所学校开设，占附属竞校总数的33.33%；举重等其他项目仅有1所学校开设，占附属竞校总数的16.67%。以上数据说明田径、武术、跆拳道、散打、拳击、柔道、摔跤是附属竞校的重点项目。

表 6-3　2016 年全国 6 所体育院校附属竞技体育学校主要项目设置情况

运动项目	田径	武术	跆拳道	散打	拳击	柔道	摔跤	篮球	举重	羽毛球	游泳	网球	排球	足球	水球	乒乓球	赛艇	皮划艇	击剑	橄榄球	体操	艺术体操	体育舞蹈	合计
武汉体院	●	●	●	●	●	—	●	—	—	—	—	—	—	—	—	—	●	●	—	—	●	—	—	9
上海体院	●	●	●	—	●	●	●	—	—	—	—	—	—	—	—	—	—	—	●	●	—	—	—	8
广州体院	●	—	—	—	—	—	—	●	—	●	●	●	●	●	—	●	—	—	—	—	—	—	—	8
西安体院	●	●	●	●	●	●	●	—	—	—	—	—	—	—	—	—	—	—	—	—	—	—	—	7
北京体大	—	●	●	●	—	●	—	●	—	—	—	—	—	—	—	—	—	—	—	—	—	—	●	6
成都体院	●	●	—	●	—	—	—	—	●	—	—	—	—	—	●	—	—	—	—	—	—	●	—	6
合计	5	5	4	4	3	3	3	2	1	1	1	1	1	1	1	1	1	1	1	1	1	1	1	44

这样的设项方案是按照国家体育总局奥运战略计划的总体布局来完成的。其中的重点项目是普通高校较少开展和较难普及的重竞技项目。

体育院校附属竞技体育学校的高水平运动队原则上是按照现代运动队的要求来进行配置的，配备有领队和专职教练员团队，每周 6 个训练日，每天至少 2 次训练课；学校提供必要的营养伙食、医疗和科技保障条件；按照国家体育总局各项目管理中心编制的竞赛日程参加比赛。与现有省市体工队的不同之处在于竞技运动学校实行的是“亦读亦训”的办学方针，除训练竞赛以外，每天上午和晚上运动员都要参加文化学习或专业学习。

虽然体育院校附属竞技体育学校从性质上属于中等职业学校，但由于附属于高等体育院校，因此实际上自成体系，是高水平运动员的训练中心，其中既有中学学段的运动员也有大学学段的运动员。

如上所述，体育院校附属竞技体育学校的主要目标是培养能在奥运会等世界重大比赛中获得优异运动成绩的竞技人才。但是由于不同的隶属关系，特别是国家体育总局和教育部实行不同的运动员注册制度，因此多年来体育院校附属竞技体育学校始终未被视为高校高水平运动队的一部分。尽管这些运动员中大部分是学生运动员，有不少运动员也参加过世界大学生运动会和全国大学生运动会的比赛，但是由于隶属关系和注册原因，他们并没有完全被视为是教育部门“自己”的，而是被看作是向体育部门“借”来的运动员。

按照 2005 年教育部和国家体育总局文件精神，在整个高校高水平运动队的建设过程中应当充分顾及体育院校的高水平运动队，将其作为高校高水平运动队的重要组成部分统一进行规划和建设。

6.2.2 体育院校单项二级学院的高水平运动队

为全面贯彻党和国家的教育方针，坚持体育强国战略，破解“体教结合”面临的体制机制难题，促进“国球”的健康发展，推进乒乓球文化的传播，保持乒乓球运动的活力，服务上海经济社会发展，2010 年 9 月 17 日上海市人民政府和国家体育总局签署了共建上海体育学院中国乒乓球学院的协议。这是第一所以我国的强势项目为主体的二级学院，同时也是“部市合作、体教结合”举办高水平运动队的新探索。

中国乒乓球学院受到国际乒联的高度重视，希望借此为世界各国培养更多的高水平乒乓球人才。中国乒乓球学院履行“高等教育教学、高水平运动员训练、国内国际培训、科学研究、国际交流与文化传播”五大职能，着力培养具备国际视野、卓越才能、创新精神的乒乓界精英，逐步实现“三大目标”——成为国内外运动员、教练员、裁判员、乒乓球运动管理人员的培养基地，成为传播“国球”文化的教育基地和文化交流基地，成为我国“体教结合”的示范基地。

虽然中国乒乓球学院的发展目标定位很高，开展的主要是培养国内外优秀乒乓球运动员的精英教育，但是它首先是一所高等学校，在其中学习的不是职业运动员和专业运动员，而是大学生运动员。2012 年 11 月，中国乒乓球学院的运动员参加上海市学生运动会乒乓球比赛，先后击败了华东理工、上海交大等传统强队，获得了2金2银的好成绩。

2017年1月12日，国家足球学院、国家篮球学院正式落户山东体育学院，并将开启以足球、篮球为特色的应用型国家级专项运动学院的建设征程。2017年8月8日，由中国篮球协会和上海体育学院合作共建中国篮球协会篮球学院，集聚我国篮球运动和体育高等教育优质资源。中国篮球协会篮球学院还将建立中国篮球运动发展研究中心、浦江国际篮球高峰论坛，最终把中国篮球协会篮球学院建成中国篮球改革发展的创新中心、中国篮球事业人才培养的摇篮、中国篮球事业科学决策的高端智库。专项球类学院的建设遵循体育总局“全面深化改革”和振兴“三大球”发展战略，探索实践足球、篮球项目新的发展模式，为传播足球、篮球项目文化，提高竞技水平，推动大众化参与提供强有力的支撑，努力建设成为体育人才的培养基地，传播足球、篮球运动的教育和文化交流基地，我国“体教结合”的示范基地。充分发挥体育院校教学、科研、训练三位一体的特点和人才智力聚集的优势，加强领导、整合资源、科学施策、积极探索，培养高素质、高水平专业人才，强化服务社会功能，努力把学院建成国内一流、国际知名的特色学院，为足球、篮球项目改革发展起到重要的支撑和保障作用。

所以，体育院校单项二级学院培养的运动员同样应当看作高校高水平运动队的一个部分，而且是一个重要部分。可以预见，类似的单项尤其是我国的强项或新兴项目的二级学院今后还会出现。所以要充分用好这部分人才资源，不能因为隶属和注册关系不同，而将其排斥在外。

6.3 本章小结

本章对我国高校高水平运动队现有模式进行分析，包括普通高校高水平运动队模式分析和体育院校高水平运动队模式分析。

在普通高校高水平运动队模式分析中，通过对6所普通高校案例按照办队目标、主要任务和运作方式（含管理模式、学生运动员情况、教练员情况、训练情况、竞赛情况、经费情况、科技保障和主要问题八个要素）的基本概况进行对比分析，发现目前存在的主要问题是：第一，参加国内主要竞赛的渠道不畅通；第二，教练员力量有待增强，训练水平有待提高；第三，尚未依靠本校多学科优势，为运动队提供必要的科技保障。由此可见，一方面，在我国目前的竞技体育体制下，高校在设置高水平运动队的项目时，不得不顾及省市体工队是否同样设置该项目，尽量错位发展；另一方面，高校系统应当举办更多的大学生比赛，以满足高校高水平运动队的实际需要。

在体育院校高水平运动队模式分析中，通过对体育院校附属竞技体育学校的高水平运动队的项目设置情况分析看出，田径、武术、跆拳道、散打、拳击、柔道、摔跤是体育院校附属竞校的重点项目，这些项目是普通高校较少开展和较难普及的重竞技项目。多年来体育院校附属竞技体育学校由于不同的隶属关系，特别是国家体育总局和教育部实行不同的运动员注册制度，始终未被视为高校高水平运动队的一部分。

通过对体育院校最早开办的单项二级学院——中国乒乓球学院进行案例分析发现，虽然中国乒乓球学院的发展目标定位很高，开展的主要是国内外优秀乒乓球运动员的精英教育，但是它首先是一所高等学校，在其中学习的不是职业运动员和专业运动员，而是大学生运动员。中国乒乓球学院培养的运动员同样应当看作高校高水平运动队的一个部分，而且是一个重要部分。

因此，按照2005年教育部和国家体育总局文件精神，在整个高校高水平运动队的建设过程中应当充分顾及体育院校的高水平运动队，将其作为高校高水平运动队的重要组成部分统一进行规划和建设。要充分用好这部分人才资源，不能因为隶属和注册关系不同，而将其排斥在外。

此外，多年的实践经验告诉我们，体育系统与教育系统利益与资源关系问题得到有效解决，形成利益与资源协调平衡的体系，是真正做到“资源共享，责任共担，人才共育，特色共建”的关键和前提。机制上要形成良性循环的科学管理体系，发挥各自系统体制的整体效益。

第7章 我国高校高水平运动队的发展策略

策略（tactics）又称为计谋、谋略，指为了有效地实现和达到目的而采取的各种行动和步骤，是实现目标的方案集合。

高校高水平运动队发展策略是指高校高水平运动队根据所处社会环境和运动队自身的特点，为了实现健康可持续发展目标而采取的各种行动和步骤。

随着社会的发展和科学的进步，发展策略被赋予了新的含义，在各个领域中都有很广泛的应用。简言之，发展策略是实现未来的发展方向和目标的各种活动。发展策略的本质是对当前的形势判断（现在何处）、期望的未来发展定位（去向何方）、实现发展目标的路径（怎样到达目的地）。简要地说，就是在对当前形势基本判断的基础上，确定未来发展的定位、目标和主要措施，以及实现目标的路径。

7.1 对发展现状的基本判断

7.1.1 国家高度重视

如前所述，我国高校高水平运动队是从1987年正式启动建设工作的。从1986年起，国家教委和国家体委多次下文推进高校建设高水平运动队。特别是2005年教育部和国家体育总局联合下发了《关于进一步加强普通高等学校高水平运动队建设的意见》（教体艺〔2005〕3号）的指导性文件，对举办高水平运动队的高校给予了一定的优惠政策，反映了国家教育行政部门和体育行政部门对这项工作的高度重视。

国家对建设高校高水平运动队工作如此重视的原因是：第一，我国的竞技体育面临着改革的需要。能在国际重大比赛中创造优异运动成绩的运动员只是极小一部分，绝大部分运动员退役后面临再就业。要是他们在参加训练和竞赛的年龄段中没有接受或仅仅接受不完全的基础教育和高等教育，不仅对他们个人今后的发展，也对整个竞技体育事业的持续发展产生相当程度的消极影响。目前在我国足球、篮球、田径、游泳、赛艇、皮划艇、击剑等项目高水平运动队工作的教练员中有相当数量的外籍教练员，当然这一方面反映了我国竞技体育国际化程度的提升，但另一方面为什么我们大部分优秀运动员难以成为优秀教练员呢？除其他原因以外，其中是否也有受教育程度的原因呢？所以，我国竞技体育的改革必须要有高等学校的参与，不仅帮助现有运动员完成高等教育，同时需要通过建设高校的高水平运动队，培养优秀的学生运动员，承担国家奥运战略的任务。第二，以学生运动员为主参加世界大学生运动会的需要。为了改变以往以专业运动员为主参加四年一届世界大学生运动会的格局，从2005年起主要由教育部承担参加世界大学生运动会的任务，所以需要通过建设高校高水平运动队，从中选拔大学生代表队，完成参加世界大学生运动会的任务。

7.1.2 高校高水平运动队有待加快建设

从1986年教育部下文，1987年启动高校高水平运动队建设，至今已过去了37年。在这37年中全国高校高水平运动队达到了一定规模，一部分高校举办高水平运动队的积极性比较高，在国际国内重大比赛中取得了一定的成绩，积累了一定的经验，总的趋势是好的。但如前所述，目前有283所举办高水平运动队的高校，仅占普通高等院校的10.03%，占本科院校的22.19%。以上海为例，从调查中发现，上海18所高校在18个项目中办高水平运动队，涉及62个项次。目前其中只有8所高校、9个项目、14个项次的运动队可以在全国高校范围内视为“高”水平运动队；只有4所高校、5个项目的运动队可以在全国高校范围内视为“较高”水平的运动队。而直接由高校自己培养的“高水平”运动员屈指可数。

对于竞技体育来说，37年是一个不短的时间段。按照四年一届奥运会，相当于9个周期。1979年国际奥林匹克委员会恢复中华人民共和国的合法席位。从1984年我国运动员首次参加在美国洛杉矶举办的第23届奥运会仅获得15枚金牌，到2000年在澳大利亚悉尼举办的第27届奥运会上获得28枚金牌，实现历史性重大突破，总共只花了16年时间。在此之后我国逐步稳固了在国际奥林匹克舞台上的领先地位。

所以，高校高水平运动队在37年中形成目前的规模和水平确实不能认为是一个十分理想的状态。可是在2017年教育部下发的《关于进一步加强普通高等学校高水平运动队建设的实施意见》（教体艺〔2017〕6号）（以下简称《意见》）中却指出："我国高校高水平运动队建设自1986年以来取得明显效果，为探索教体结合培养高水平运动员模式积累了丰富经验，有力推动了普通高校学校体育工作的全面发展。"就目前态势来说，高校高水平运动队需要稳步扩大规模，而更重要的是要努力提升办队质量，才能赶超国内进而赶超国际先进水平。

7.1.3 存在的主要问题

从调查中发现，高校能否提升高水平运动队的办队质量与一系列主客观原因具有直接关系。

1）发展定位有待进一步匡正

《意见》指出："普通高校建设高水平运动队的主要目的是引领学校体育课余训练和竞赛发展，为国家培养全面发展的高水平体育人才，完成世界大学生运动会及国际、国内重大体育比赛任务，充分展示我国大学生的精神面貌。"

教育部提出的这一目标反映了国家从竞技体育体制改革的需要出发，对高校举办高水平运动队定位的要求。但由于这一目标逾越了大学章程所赋予高校的职能，对大学仅有动员、鼓励，缺乏制约作用，而且短时间内也难以显现举办高水平运动队对学校自身发展的积极作用，造成高校对于举办高水平运动队特别是建设真正"高水平"的运动队的内动力不足。从调查中知道，大学校长们对举办高水平运动队的认识并不一致，他们更多地思考举办高水平运动队给学校的发展带来哪些积极作用。即使对高水平运动队的积极意义认识比较清晰透彻的校长们也认为，应当给予重视和支持，但是不可能超越对学科和专业建设的重视程度。而相当数量的校长们则认为有高水平运动队，能在国内外体育赛事中取得成绩更好，没有也无关大局。

2）受现有竞技体育体制的制约有待逐步得到解除

从调查中发现，除大学自身主观原因以外，高校高水平运动队的发展还受到现有竞技体育体制中的某些因素制约，例如，与高校高水平运动队的项目是否奥运或全运项目有关，非奥运或非全运项目的发展受制约较少，发展空间就大；与省市体工队是否也办队有关，要是省市体工队也设项办队，高校高水平运动队参加全国性高等级比赛的机会就少，发展机会就少。如华东师范大学健美操队，由于健美操非奥运项目，上海体工队不办专业健美操队，加上自身竞技水平比较高，因此既代表全国大学生、上海大学生参加大学生比赛，也代表上海参加全国体育大会比赛；又如华东理工大学乒乓球队，由于乒乓球是奥运、全运项目，上海体工队办专业乒乓球队，因此即使自身水平比较高，也无法代表上海参赛，发展的难度比较大。

所以，高校高水平运动队的加快发展有待整个国家竞技体育体制的改革，而目前至少需要某些政策的松绑，尤其是组队参赛权方面的政策，以便为高校高水平运动队的发展拓宽空间。

3）举办高校高水平运动队的理念有待强化

尽管中国人民的伟大领袖毛泽东同志 1952 年就写下了“发展体育运动，增强人民体质”的光辉题词，尽管党和国家的教育方针中明确指出要培养德智体美劳全面发展的人才，尽管党和政府多次下文要求加强青少年体育增强青少年体质，尽管我国运动员在奥运会和世界锦标赛等国际重大体育赛事中取得了令世人瞩目的辉煌成就，但是在传统体育观念的影响下，对改进和加强大学体育的必要性，包括对建设高水平运动队重要性的认识停留在纸面上的仍多于付诸实际行动的。

毫无疑问，大学体育应当遵循“健康第一”的指导思想和“为了每一个学生的终身发展”的核心理念，把增进大学生健康素质作为大学体育教育的基本目标之一。应当看到高校举办高水平运动队是大学体育的重要组成部分，高校高水平运动队不仅是为了代表学校，乃至代表省市和国家在国内国际体育赛事中取得好成绩，它同样肩负着营造校内的体育氛围，引领广大大学生体育兴趣的使命，吸引他们以多种方式积极参与到体育活动中来，自觉养成参加体育锻炼的习惯，增进自己的身心健康。除此之外，高水平运动队能在国际大学交往中发挥重要作用。

所以，高校举办高水平运动队的理念有待强化，高水平运动队不是可有可无，而是应当有，还应当将其建设好，使其在促进学校的发展中发挥更大的作用。

4）高校高水平运动队的运动员身份有待明确界定

任何一个综合性运动会或某一个单项体育赛事，首先需要确定的就是参赛运动员的资格。只有符合规定资格条件的运动员参加比赛才能确保竞赛的公平。具备怎样资格的运动员才能参加大学生运动会或大学生单项体育比赛对高校建设高水平运动队是一个不可回避的问题。

目前，我国竞技体育领域中运动员身份大致包括三种情况：第一种是职业俱乐部所属的职业运动员。第二种是各省市和解放军体工队所属的专业运动员。其实他们也是“职业”运动员，因为是国家人事编制内的人员，每月有固定工资收入。

第三种是全日制学生运动员，他们尚未就业，没有固定收入。

要判断是否具有参加大学生比赛的资格，不仅要看他是否拥有大学学籍，而且要看接受高等教育是否他的“主业”。目前有相当数量的现役专业运动员在部分高校接受本科或硕士研究生学历教育，但是他们不是全日制学生，只是在训练和比赛之余到学校就读，采用的是“函授”或“送教上门”的方式，换句话说，他们的“主业”是专业化的训练和比赛，而不是接受高等教育，所以原则上他们不具备参加大学生运动会的资格。在改革的过渡时期，大学生运动会设置甲组（即没有专业运动员背景的学生）和乙组（即有专业运动员背景的学生）比赛是可以理解的，但从长远看，高校高水平运动员不应当仅仅按照是否有专业运动员背景来区分，而应当按照职业前或职业后、全日制或非全日制来区分。

另外，全日制的学生运动员与普通学生一样，每天在课堂或实验室里学习和工作，与教师和同学们有密切交往，感受校园的学术文化氛围，融入其中并获得多方面发展，所以他们的“大学意识”比较强烈，对学校有深厚的感情，在他们心目中培养他成才的是大学。而那些仅仅为了获得学历或学位，利用业余时间以“函授”或“送教上门”方式就读于高校的专业运动员，心目中“大学意识”相对比较淡薄。所以不难理解，当有些专业运动员在国际国内重大比赛中取得优异成绩后接受记者采访时，他感谢的是教练员、同伴、观众，甚至赞助商，而经常被遗忘的恰恰就是他曾经或正在就读的大学。与体工队不同，高校举办高水平运动队不是为了纯粹培养能拿金牌的运动员，其重要目的之一就是要培养德智体美劳全面发展、知识型的学生运动员，而培养这样的学生运动员与大学校园的人际交往和学术文化氛围具有密切联系，也正是这样的运动员才拥有参加大学生运动会和大学生各单项比赛的资格。

5）高水平运动队的教练水平有待提升

现代竞技体育中高水平运动队在主教练的领导下已经配备了职责细化、分工明确的高水平教练团队，共同执行训练竞赛工作任务。高水平运动队必须有高水平的教练团队。在调查中发现，目前高校高水平运动队的教练主要是由现有体育教师担任，而没有设专职教练员岗位。这样做，一则专项化水平难以得到保证；二则受教师编制影响，带队教练员人数较少，难以高质量地完成教练工作。

所以，要建设真正高水平的高校运动队，需要从体制机制上保障专职教练团队的聘用制度，以确保高质量完成训练竞赛工作任务。

6）高校高水平运动队后备人才生源有待优化

高校高水平运动队的持续发展有赖于充足的后备人才生源。但是从调查中发现，在高中考生中能使高校高水平运动队感到满意的具有竞技天赋的考生数量很少，造成招生时选择余地较小，经常处于“从矮个中选高个”的尴尬境地。其主要原因是多年来中小学体育的弱化，个人主观上有意愿参加运动训练并时间上有保障的学生人数在减少，同时中小学体育教师专项教学能力出现下降，再加上功利性社会风气增强，为争取高考加分而参加运动训练的学生比例有所增加。

这样的情况如不得到有效的改变，高校高水平运动队的发展将步履维艰。

7）对高校高水平运动队的保障有待加强

现代竞技体育必须具有必要的保障条件。高校高水平运动队除上述条件、相应的教学和后勤保障条件以外，必须有科技保障，包括营养和恢复，有助于提高训练效果的设备和器材等。而这些对于多学科的高校应当是强项。可是从调查结果看，目前高校高水平运动队缺乏的恰恰是科技保障，急须得到加强。

7.2 我国竞技体育体制改革预判

由于我国竞技体育体制改革至今仍未有实质性的举措，而研究高校高水平运动队的发展策略，又无法脱离国家竞技体制改革的走向，因此对我国竞技体育体制改革进行预判是完全必要的，目的在于为确定发展策略提供参考依据。

20 世纪 90 年代，我国体育事业曾启动了改革进程：制定《中华人民共和国体育法》《全民健身计划》和《奥运争光计划》等重要法律法规及文件；“国家体育运动委员会”改名为“国家体育总局”，并成立了单项运动管理中心；实施“体育彩票”制度；等等。但是 2000 年后体育事业改革步伐明显放慢。

虽然这种体制时常受到媒体的质疑，但要是把竞技体育看作一项重要事业，而不是一项可有可无的游戏的话，经验证明从我国高水平竞技体育领域中总结的“集中培养、集中管理、集中保障”是符合高水平竞技体育发展规律的成功途径。同样也适用于其他高度专门化的人才培养领域。但是，竞技体育在新形势下也面临着深化改革，特别在当前贯彻落实党的二十大精神的大潮中，应当看到我国竞技体育体制改革日程越来越临近。

近年来关于我国竞技体育体制改革的研究增多，其中值得关注鲍明晓和李元伟的文章①。文中提出了制约竞技体育可持续发展的矛盾和问题的八个方面：项目发展的偏态结构；项目绩效的马太效应；优势项目的含金量不足，有金牌少明星；普及与提高的传导机制阻滞；社会办和市场办的空间难以打开；后备人才持续短缺；运动员文化教育和退役安置更加困难；金牌至上的庸俗业绩观不断抬头。同时文章也提出了全面协调、科学发展的新思路。

尽管目前尚未出台具体改革方案，但可预见的大致走向是：

（1）匡正定位，协调发展。继续力争在国际竞技舞台上保持优势的同时，将突出以增强人民体质和促进养成健康生活方式为重点，着力加强加快全民健身运动和学校体育发展，确保群众体育和竞技体育的协调发展，进一步强调普及和提高的辩证关系。

（2）突出重点，保持优势。竞技体育的发展将继续坚持“保持传统优势、突出重点特色，加强结构调整，发展新兴项目”，形成“有特色、高水平、可持续发展”的基本思路，坚持“突出重点、壮大强项、有所为、有所不为”的原则，突出重点优势项目（如体操、跳水、射击、举重、乒乓球、羽毛球等）、基础性项目（如田径、游泳）和受广大群众喜爱、参与

① 鲍明晓，李元伟. 转变我国竞技体育发展方式的对策研究[J]. 北京体育大学学报，2014(1)：9-23.

程度较高的项目（如三大球）。

（3）改革体制，调整机制。坚持“管办分离”，政府不再参与“办”体育，而鼓励和支持学校、社会机构和企业的积极参与；以地方名义参赛，纯竞技性的全国运动会将面临实质性的改革，为各职业俱乐部联赛、各类学生竞赛和各单项竞赛的发展腾出足够的空间。

（4）规范序列，分类管理。严格按照《中华人民共和国劳动法》和《中华人民共和国义务教育法》的规定，对进入专业编制运动员的年龄和学历作出相应规定，确保每一名运动员都接受良好的基础教育。严格区分职业前与职业后运动员的界限，职业前、拥有学生身份的运动员可以参加学生运动会或学生各单项竞赛，职业后（包括进入专业编制）的运动员不再具有学生身份，不能参加任何的学生运动会或学生各单项竞赛。改革初期也许仍需要保留一定额度的专业运动员编制，但是，第一，要符合法定年龄；第二，主要用于市场化程度较低的重点优势项目，不包括已实行职业俱乐部体制和高校开展比较成功的项目，参照目前足球领域，逐步实施职业教练员制度。

（5）体教结合，培养人才。竞技后备人才的培养主要放在学校里完成，在中小学阶段，既可以学校运动队的形式，也可以区域性的“青少年运动训练中心”形式，吸引和选拔符合项目特点的学生参加运动训练。在大学阶段，以高水平运动队为依托，参加训练竞赛活动。大学毕业后或中断大学学业就业的高水平运动员可进入职业俱乐部或专业运动队，也可进入其他领域就业。

7.3　高校高水平运动队发展思考

习近平总书记指出："经过长期努力，中国特色社会主义进入了新时代，这是我国发展新的历史方位。"坚持和发展中国特色社会主义，必须把握时代特点，遵循教育和体育的规律性，富于创造性地培养全面发展的高素质竞技体育人才，加快发展高校高水平运动队。

要加快推进高校高水平运动队的建设和成长，从根本上改变目前高校高水平运动队发展缓慢和动力不足的局面，关键在于坚持改革创新，包括整个竞技体育体制和高校体育本身的改革创新。

对于政府部门来说，需要制度创新，为高校建设高水平运动队营造良好的社会发展环境，赋予高校相应的自主权和给予一定的优惠政策予以扶持和鼓励。

对于高校自身来说，需要更新观念，充分认识高校举办高水平运动队的意义和作用，遵循举办高校高水平运动队的规律，准确定位、刻苦训练、全力保障、有效管理，才能建设一支真正高水平的运动队，力争成为学校的传统强项和品牌。

通过研究发现，我国高校举办高水平运动队应当学习发达国家高校高水平运动队的经验，学习和发扬我国竞技体育几十年发展过程中所积累的成功经验，继承和发扬我国高校高水平运动队优良传统，但是必须遵循新时期我国高校高水平运动队自身发展的规律性特征，紧密依靠和联系省市经济、社会和教育事业的发展。这些规律性特征是指选项符合运动项目年龄规律、符合大学生体育兴趣而广受青睐、符合大学生群体的基本特点，运动训练具有鲜明的“集约型”“知识型”“科技型”特点，目标指向培养德智体美劳全面发展的优秀竞技人才。

7.3.1 发展定位

制定高校高水平运动队发展策略时，首先要准确地定位。从核心因素来看，就是如何进行独特且有价值的定位。我们认为，高校高水平运动队的发展定位应当包括发展目标定位、人才培养定位、学生运动员身份定位和体育项目定位。

1）高校办高水平运动队的发展目标定位

高校高水平运动队既是高校文化建设的组成部分，也是培养优秀体育人才的重要途径。高校办高水平运动队的发展目标定位：

（1）培养“知识型”“文化型”的优秀竞技人才。通过科学化运动训练，不仅代表学校，而且具有能代表国家和省市参加高等级比赛能力的优秀运动员或优秀后备人才。

（2）引领校内学生体育活动开展。通过高水平运动队所在项目的广泛普及，激发广大学生对体育活动的兴趣，积极参加体育活动，养成体育锻炼习惯，促进提高学生的体质健康水平。

（3）增强师生的向心力。通过代表学校参加国际国内高水平体育比赛，提高广大学生对学校自身的认同感、归属感、荣誉感和凝聚力。

（4）服务学校发展目标。依靠高水平运动队，加强国际国内校际高水平体育活动交往，扩大学校的社会影响力和竞争力。

2）高校办高水平运动队的人才培养定位

通过高校高水平运动队培养的人才应当依据各自不同的专

业运动技能水平发挥其价值：

（1）具有一定的专项运动技能水平。作为一名体育爱好者，毕业后在工作岗位上，仍积极参加并带动周围其他人士一起参加体育专项锻炼活动。

（2）具有很高或较高的专项运动技能水平。毕业后可能成为具有本科以上学历的职业运动员、专业运动员甚至教练员，继续从事竞技体育，也可能在原有专业方向上继续发展，同时也是有知识的竞技体育爱好者。

3）高校办高水平运动队的学生运动员身份定位

按照国际惯例，真正含义上的高校高水平运动员应当是具有该校在籍全日制本科生或研究生身份、职业前、没有固定工资收入的大学生。不具有这一身份的人就不能作为大学生代表高校参加各类大学生运动会和大学生单项体育赛事。

身份是一个法律问题，也是人格和道德问题，每个人都应当尊重自己的身份，绝不能出于利益驱动而随意更改。高校高水平运动队的学生运动员作为高等学校的代表，应当成为一个荣耀和被珍视的身份。要发展由高校自身培养的真正“高水平”的运动队，必须严格按照规定的身份条件代表高校参加国际国内各类比赛。这不仅是遵守诚信道德，纯洁大学生比赛赛风的基本前提，同时也是促使高校认真做好高水平运动员训练和培养工作的必要措施。

4）高校办高水平运动队的体育项目定位

有充分理由认为，不是所有的竞技项目都适宜作为高校高水平运动队的项目，也不是所有适宜作为高校高水平运动队的项目都适宜某一所高校举办高水平运动队。在高校选择举办高水平运动队的项目定位时应当顾及：

(1) 备受本校师生喜爱并逐步发展成为本校的传统强项。因为只有受到广大师生高度关注、追捧，并积极参与的项目才是能够持续发展、富有生命力并具有重要影响力的项目。

(2) 符合体育项目自身的年龄规律。每一个体育项目都具有不同的特征，并对运动员的竞技能力提出不同的要求，因此运动员创造和保持最高成绩表现出一定的年龄规律性。根据专家的意见，在多年运动训练过程中可以划分出三个年龄区间：首次创造好成绩的年龄、创造好成绩的最佳可能性年龄和维持最高成绩的年龄。表 7-1 所列是根据发表文献整理的不同竞技项目创造最高运动成绩的年龄区间。

大学本科生和研究生的年龄大致在 18～26 岁。所以按照首次出现最好运动成绩和继续提高最好运动成绩的年龄特征，高校高水平运动队适合开展首次出现最好成绩的年龄处于大学生年龄之前，但继续提高最好成绩的年龄则处于大学生年龄之中的项目，或者首次出现最好成绩的年龄处于大学生年龄之中，如田径、游泳、足球、篮球、排球、网球、羽毛球和乒乓球等项目。

(3) 符合高等院校学生的特点。加入高校高水平运动队的是正接受本科教育或研究生教育的学生，考虑到这些学生的特点，适合高校高水平运动队的项目也包括技能—智力型项目，如棒球、垒球、击剑、跆拳道、冰壶等。

(4) 充分顾及国家和省市竞技体育发展的战略需要。包括世界大学生运动会、全国大学生运动会设置的项目。在这些项目中培养优秀运动员和运动队，有利于扩大学校的国际国内影响力。

表 7-1　不同竞技项目中创造最高运动成绩的年龄区间一览

序号	竞技项目及单项	年龄区间（岁）					
		首次创造好成绩		创造最佳成绩可能性		维持最高成绩	
		男子	女子	男子	女子	男子	女子
游泳							
1	100 米、200 米、400 米	18～19	16～17	20～24	18～22	25～27	23～25
2	800 米、1 500 米	17～18	15～16	19～22	17～20	21～24	21～23
跑							
3	100 米～400 米	19～21	18～20	22～26	20～24	27～28	25～26
4	800 米、1 500 米	21～23	19～21	24～26	22～25	27～30	26～28
5	5 000 米、10 000 米	21～23	—	24～27	—	28～32	—
跳跃							
6	跳高	20～21	18～20	22～26	21～25	27～30	26～28
7	跳远	21～22	18～20	23～27	21～25	28～30	26～28
8	三级跳远	21～22	18～20	23～27	21～25	28～30	26～28
9	撑竿跳高	21～22	19～21	23～27	22～26	28～30	27～29

(续表)

序号	竞技项目及单项	年龄区间（岁）					
		首次创造好成绩		创造最佳成绩可能性		维持最高成绩	
		男子	女子	男子	女子	男子	女子
投掷							
10	铅球	22～23	20～21	24～28	22～25	29～32	26～28
11	铁饼	23～24	20～21	25～29	22～25	30～33	26～28
12	标枪	24～25	20～21	26～29	23～26	30～33	27～29
13	链球	24～25	—	26～30	—	31～33	—
其他主要项目							
14	田径十项全能	23～24	—	25～28	—	29～30	—
15	击剑	18～21	17～19	22～28	20～26	29～32	27～30
16	举重	20～24	—	25～30	—	31～34	—
17	竞技体操	19～21	15～18	22～27	19～24	28～32	25～30
18	篮球	20～22	16～18	23～26	19～25	27～30	26～28
19	赛艇	18～20	16～18	21～25	19～24	26～28	25～30

资料来源：姚颂平．运动训练分期理论的本质、现状和发展前景［J］．体育科学，2012，32（5）：3-11+33．
徐本力．运动训练学［M］．济南：山东教育出版社，1990：643．

（5）充分顾及可能在中小学广泛普及开展的项目。尤其是利于建立大、中、小学“一条龙”人才培养体系的项目。

7.3.2　发展模式

发展模式是指事物在特定的历史条件下，在特有的经济、政治、社会和文化背景下所形成的发展方式，包括对体制、机制和路径的选择。由此可见，高校高水平运动队的发展模式就是指在当前的经济社会条件和我国竞技体育体制改革的环境下对高校高水平运动队的体制、机制和路径的选择。

对64名高校领导专家关于高校办队模式的调查结果如表7-2所示，高校领导专家意见主要倾向于独立自主办队，占调查总数的90.6%，选择其他模式的很少，仅为1～2个。

表7-2　高校试办高水平运动队的基本模式（*N*=64）

选项	频数	频数百分比	累计百分比
独立自主办队	58	90.6%	90.6%
与省市体委联合办队	2	3.1%	93.7%
与企业联合办队	2	3.1%	96.8%
独立自主与其他高校联合办队相结合	1	1.6%	98.4%
几所高校联合办队	0	0%	98.4%
其他	1	1.6%	100%
合计	64	100%	—

从第6章六个案例分析（表6-1、表6-2）中可以看到，大部分高校都是独立自主办队。从体制特点出发，高校高水平运动队大致可以分为“体制内”和“体制外”两种类型，或者

说两种模式。“体制内”模式的特点是运动队和运动员都属于专业运动队编制内，享受专业运动员待遇；接受体育行政部门的领导、指导和管理，体育行政部门提供一定的运作经费和其他保障，运动队代表本省市参加全国性比赛，如上海金融学院击剑队。而“体制外”模式的特点是运动队和运动员都不属于专业运动队编制内，不享受专业运动员待遇。高校独立自主办队，日常不受体育行政部门领导。主要包括3种情况：第一种是当应邀代表本省市参加全国性比赛时接受体育行政部门提供的一定经费和其他保障，如清华大学田径队、中国农业大学橄榄球队、华东师范大学健美操队；第二种是日常接受体育行政部门一定的经费资助和其他保障，明确代表本省市参加全国性比赛，如上海对外贸易学院冰壶队；第三种是不代表本省市参加全国性比赛，未曾接受体育行政部门的经费资助和其他保障，如华东理工大学乒乓球队。

在目前的竞技体育体制下，出现所谓“体制内”的高校高水平运动队的原因是体育行政部门试图借此解决专业运动员的文化教育问题。它与所谓“体制外”的高校高水平运动队在目标、任务、运行机制等方面都存在着较大区别。由于体育行政部门掌握了运动员的注册权和组队参赛权，因此体制外的高校高水平运动队不具备参加体育系统举办的全国性重要比赛的可能性，而教育系统举办的大学生比赛数量不多，质量也不高。这样就给这些运动队的持续发展带来了较大困难。但是从长远来看，显然体制外模式是今后高校高水平运动队发展的目标模式，应当按照高校办高水平运动队自身的性质、目标和任务制定长远发展规划，并采取积极措施加快高校高水平运动队的发展。

同时也应当看到，在目前的大环境下，特别是竞技体育体制未发生改变的情况下，哪一种体制更适合高校高水平运动队尚在探索和尝试之中，难以对两种运作模式的适宜性作出确切的判断，至少在目前条件下都是可行的。另外，受大学生年龄、运动项目的可推广特点等因素的制约，高校高水平运动队目前仍然难以解决大多数项目专业运动队退出机制的问题。

7.4　高校高水平运动队发展措施

与其他领域一样，高校高水平运动队的加快发展取决于内因和外因，即适宜的外部发展环境和足够的内在发展动力。高校高水平运动队要加快发展离不开政府、社会和企业的大力支持和保障。为适应我国竞技体育体制改革的进程，应当为高校高水平运动队营造更利于加快发展的外部环境。与此同时高校高水平运动队的加快发展更离不开高校自身受动机和需要支持的内在动力。

目前，由于受现有竞技体育体制性制约和习惯性思维的影响，这两方面的因素都有所欠缺，有待着力加强。

7.4.1　为高校高水平运动队的发展营造适宜的外部环境

多年来教育部始终试图为高校高水平运动队的发展营造适宜的外部环境，特别是2017年教育部《关于进一步加强普通高等学校高水平运动队建设的实施意见》（教体艺〔2017〕6号）中提出了一系列具体保障措施，要把高校高水平运动队建设作为加强学校体育综合改革、探索培养高水平优秀体育人才、推进竞技体育改革和建设体育强国的重要途径和有效手段进行统筹安排，不断提高高校高水平运动队建设的管理水平。但是现有的措施不是建立在体制改革而仅仅是提供优惠政策的基础上，看来还不足以推动高校高水平运动队的加快发展。

我们认为，适宜的外部环境应当包括竞技人才资源保障、大学生联赛体系保障、经费保障、政策和法律保障。具体来说：

（1）随着竞技体育体制的改革，应当着手启动专业运动队，至少是部分专业运动队的退出机制，首先是“三大球”、社会关注程度和市场化程度较高运动项目的专业运动队退出机制，为高校高水平运动队的发展腾出必要的资源。

表6-2中专门列举了对“省市体工队是否设置该项目”的调查结果。结果显示，省市体工队是否设置该项目与当地高校举办该项目高水平运动队是完全相关的。

（2）要逐步扩展职业俱乐部联赛的规模，为高校高水平运动队运动员毕业后提供足够的继续发展空间。

（3）要建立健全制度完善、受社会高度关注的大学生竞赛体系。

美国大学生体育协会（NCAA）所属男子篮球比赛最终的“四强赛”品牌价值在2007年至2013年中，从9 000万美元升至1.37亿美元，稳居全球体育赛事的第4位。与此同时，著名的美国NBA总决赛自2007年处于第10位之后，到2012年以后就落到前10名之后了。[①]

① NCAA品牌价值超NBA[N].东方体育日报，2014-4-9(A8).

这些都说明，高校高水平运动队要加快发展，每年仅仅参加目前的全国性比赛是远远不够的，必须参加自成体系的大学生比赛。

（4）要着力解决高校高水平运动队运作经费问题。一方面要加大对高校高水平运动队的直接投入，另一方面要制定优惠政策，鼓励多方筹资，尤其鼓励各类企业赞助高校运动队、运动员和大学生联赛，以解决高校高水平运动队的运作经费问题。

（5）要从法律层面，至少部门规章层面界定职业体育俱乐部、专业运动队和高校高水平运动队的概念，清晰界限，制订相互渗透和运作的规则，以确保各类运动队既有联系，又相对独立运作。

（6）要通过体育部门多年积累的竞技体育技术资源，为高校高水平运动队提供必要的技术支撑，包括高水平教练员、竞技体育科研人员和科技服务等。

7.4.2 从高校内部完善高水平运动队的运作

1）完善组织机构

在省、市教育行政部门支持下，各举办高水平运动队的高校需要建立本校各相关部门参与的高水平运动队专门机构，负责高水平运动队的规划、建设和管理工作。高水平运动队可独立于学校体育教学部或隶属于学校体育教学部，但应保持相对独立运作。同时委派领队，与主教练共同负责高水平运动队运动员的思想政治工作和队伍管理工作。

2）健全管理制度

在学校层面上制定本校《高水平运动队管理办法》，明确高水平运动队的性质、目标和任务；对高水平运动队的招生办法、学籍管理、吸收和淘汰程序、奖励和惩处措施等作出明确规定。参照发达国家高校高水平运动队的管理，高水平运动队管理与教学管理原则上相互不挂钩，可制定特殊的学分制度，适当减免学分，但不采取奖励学分和降低教学标准的办法。

3）实施科学训练

办好一支高水平运动队的基础条件是确保科学化的训练和竞赛工作。高校高水平运动队的训练依靠高校自身的学科和专业所具有的知识创新和人才培养优势，应当在科学化程度上更优于目前大多数运动项目中专业运动队的训练，充分体现高校培养优秀运动员的优势和特色。

第一，应当配备知识和技能结构完备的教练团队，包括掌握运动训练及其相关学科知识和技能的人才。需要指出的是，聘请高水平的专职教练员是办好高校高水平运动队的必要条件，有助于较快提高运动队和运动员的技术水平，而且也是扩大该高校高水平运动队的影响力，吸引优质生源的重要因素，有利于招收有运动潜质的考生。因为这样的考生在选择报考学校时，有没有好的教练员经常是他作择校决策的重要因素。

第二，依靠高校的优势，逐步摆脱目前许多运动项目中的专业运动队仍然主要依靠时间长、数量多的“粗放型”训练，积极探索在高校学生可能时间限度内的“集约型”“知识型”“科技型”训练，追求更高的训练质量。

第三，组织多学科专家为运动训练提供科技保障。为提高高校高水平运动队的整体水平，需要结合高校重点学科建设，创建训练、科研、医疗一体化的重点实验室。

4）普及重点项目

发达国家高校高水平运动队的经验和我国已有的成功历史经验都告诉我们，高校要举办高水平的运动队，必须坚持普及与提高相结合的方针。要摆脱我国目前“轻普及、重选才”的竞技体育发展思路，而实施“重普及、精选才”的发展思路。在校内通过大力普及体育活动，特别是高水平运动队的项目，引领大学生体育的广泛深入开展，培育“全员参与，全体关注”的良好氛围，不仅促进大学生增强体质健康，而且也培养一大批体育活动爱好者和“球迷粉丝”，为高水平运动队的生存发展营造有利的校园环境。同时参照目前上海市已建立的“大、中、小学足球大联盟”的方式，建设高校的优秀竞技后备人才体系。

5）强化全面教育

高校高水平运动队的专业学习和运动训练之间的关系不同于体工队或少体校。在那些单位里由于过于强调训练和竞赛，因此文化学习和文化教师始终处于次要位置。对于高校高水平运动队的运动员来说，教育教学和运动训练是处于同等重要地位的两个相对独立的部分。

对于高校高水平运动队的运动员，包括在高校攻读本科以上学位的现役体工队运动员，十分重要的是强化高校学生意识，增强对高等学校的归属感、荣誉感和责任感，这样才有利于培养全面发展的人才。所以高水平运动员的整个教育教学过程应当主要在学校中完成，因为学校给予学生的不仅是知识和方法，同样也为学生提供了具有浓厚学习氛围的校园文化环境，提供了以班级为基本单位的学习、交流和互动的集体，所有这些都成为全面教育不可缺少的组成部分。任何的“走读”形式，甚至所谓的“送教上门”形式不仅无法替代学校所具有的全面教育功能，而且不恰当地把教育教学放在低于运动训练的位置上，甚至认为应当为运动员提供“教育”服务保障。这是十分错误的认识和做法，应当纠正。

6）广泛传播信息

举办高校高水平运动队不仅要不断扩大它在该竞技项目中，而且要不断扩大它在本校、本省市和国内的影响力，在国内高校和竞技体育界，乃至国际的影响力版图中拥有一席之地。这一影响力就是竞争力、发展潜力，也是对优秀学生的吸引力。需要通过充分利用互联网、微信、微博等的广泛宣传在校内外提升对本校高水平运动队知晓、认同和关注程度，及时发布高水平运动队的各类信息。一方面吸引广大学生参与讨论，提出意见建议，参加体育活动；另一方面吸引全社会的广泛关注，尤其是媒体的宣传报道。

7）提供必要保障

高校应当为高水平运动队的发展需要提供以下必要保障：一是硬件保障，学校应当为高水平运动队的训练竞赛提供必要的场地设施、器材器械、服装装备条件。二是科技保障，学校应当依靠多学科优势，为高水平运动队的运动员提供科技服务，包括医务监督、疲劳消除、伤病防治、营养补充等。三是经费保障，除学校为本校高水平运动队提供日常运作经费，教委和体育局提供一定的经费支持以外，高校高水平运动队同样应当拓宽筹资渠道，争取社会和企业的经费资助。要健全和完善财务管理制度，不断提高经费的使用效益。四是法律保障，由学校特聘律师，负责高水平运动队商业权利的法律事务和其他有关方面的法律事务，并实施必要的管理；学校拥有本校高水平运动队整队的商业权利，但不排除教练员和运动员的个人商业活动的合法性。

7.5　本章小结

本章主要对高校高水平运动队发展现状的基本判断、体制改革走向及内、外部环境进行了分析，同时对发展定位、发展模式、发展措施等作出了较详尽的阐述。

对发展现状的基本判断包括三个方面：①高层领导高度重视。重视的主要原因：一是我国的竞技体育面临着改革的需要；二是以学生运动员为主参加世界大学生运动会的需要。②高校高水平运动队有待加快建设。高校高水平运动队需要稳步扩大规模，而更重要的是要努力提升办队质量，才能赶超国内进而赶超国际先进水平。③存在的主要问题包括发展定位有待进一步匡正，受现有竞技体育体制的制约有待逐步得到解除，举办高校高水平运动队的理念有待强化，高校高水平运动队的运动员身份有待明确界定，高水平运动队的教练水平有待提升，高校高水平运动队后备人才生源有待优化，对高校高水平运动队的保障有待加强。

我国竞技体育体制改革可预见的走向是：①匡正定位，协调发展；②突出重点，保持优势；③改革体制，调整机制；④规范序列，分类管理；⑤体教结合，培养人才。

我国高校高水平运动队的持续发展应当遵循自身发展的规

律性特征，紧密依靠和联系省市经济、社会和教育事业的发展。对高校高水平运动队的发展定位和发展模式两个方面进行思考。发展定位包括发展目标定位、人才培养定位、学生运动员身份定位和体育项目定位。发展模式分体制内和体制外。体制外模式是今后高校高水平运动队发展的目标模式，但在目前的大环境下，尚难对两种运作模式的适宜性作出确切的判断，仍需要实践探索和尝试。同时，受大学生年龄、运动项目的可推广特点等因素的制约，高校高水平运动队目前仍然难以解决所有项目专业运动队退出机制的问题。

最后，提出为高校高水平运动队的发展营造适宜的外部环境和从高校内部完善高水平运动队运作的发展措施。适宜的外部环境包括着手启动专业运动队退出机制、逐步扩展职业俱乐部联赛的规模、建立健全大学生竞赛体系、解决高校高水平运动队运作经费、提供法律保障和技术支撑。从高校内部完善高水平运动队运作的措施包括完善组织机构、健全管理制度、实施科学训练、普及重点项目、强化全面教育、广泛传播信息和提供必要保障。

第8章 结论与展望

8.1 结论

（1）总结37年以来高校高水平运动队建设所取得的成绩与经验，发现目前高校高水平运动队发展中存在的主要问题包括：发展定位有待进一步匡正，受现有竞技体育体制的制约有待逐步得到解除，举办高校高水平运动队的理念有待强化，高校高水平运动队的运动员身份有待明确界定，高水平运动队的教练水平有待提升，高校高水平运动队后备人才生源有待优化，对高校高水平运动队的保障有待加强。

（2）按照2005年教育部和国家体育总局文件精神，在整个高校高水平运动队的建设过程中需要稳步扩大规模，努力提升办队质量，同时应当充分顾及体育院校的高水平运动队，将其作为高校高水平运动队的重要组成部分统一进行规划和建设，不能因为隶属和注册关系不同，而将其排斥在外。

（3）我国高校高水平运动队的持续发展应当遵循自身发展的规律性特征，紧密依靠和联系省市经济、社会和教育事业的发展。这些规律性特征是指选项符合运动项目年龄规律、符合大学生体育兴趣而广受青睐、符合大学生群体的基本特点，运动训练具有鲜明的“集约型”“知识型”“科技型”特点，目标指向培养德智体美劳全面发展的优秀竞技人才。

（4）要加快推进高校高水平运动队的建设，关键在于坚持改革创新。对于政府部门，需要制度创新，为高校建设高水平运动队营造良好的社会发展环境，赋予高校相应的自主权和给予一定的优惠政策予以扶持和鼓励；对于高校自身，需要更新观念，充分认识高校举办高水平运动队的意义和作用，遵循举办高校高水平运动队的规律，准确定位，力争建设一支真正高水平的运动队，成为学校的传统强项和品牌。

（5）高校高水平运动队的发展目标定位：培养“知识型”“文化型”的优秀竞技人才；引领校内学生体育活动开展；增强师生的向心力；服务学校发展目标。

（6）高校高水平运动队的学生运动员身份定位：具有该校在籍全日制本科生或研究生身份、职业前、没有固定工资收入的大学生。

（7）高校高水平运动队的体育项目定位：备受本校师生喜爱并逐步发展成为本校的传统强项，符合体育项目自身的年龄规律，符合高等院校学生的特点，充分顾及国家和城市竞技体育发展的战略需要，充分顾及可能在中小学普及开展的项目。

（8）高校高水平运动队发展模式：体制内和体制外。体制外模式是今后高校高水平运动队发展的目标模式，但在目前的大环境下，尚难对两种运作模式的适宜性作出确切的判断，仍需要实践探索和尝试。同时，受大学生年龄、运动项目的可推广特点等因素的制约，高校高水平运动队目前仍然难以解决大多数项目专业运动队退出机制的问题。

8.2　展望

（1）尽管本研究按六个地区抽取了33所高校的高水平运动队作为研究对象，但尚与教育部批准的283所试办高校数量有一定的差距，未来有待于扩展研究对象范围。

（2）本研究对高校高水平运动队优势与价值分析不足，具体管理等方面分析不够深入，未来有待于对高校高水平运动队目标管理、实施控制、评价体系与影响因素模型等方面进行深入研究。

致　谢

首先，感谢我的导师姚颂平教授，在导师的悉心指导和督查下我的博士论文才得以完成。在我的整个学习过程中，导师在生活和学习方面都给予了无私的关怀和指导，对本课题的研究更是倾注了大量的心血，整个课题的研究凝聚着导师的辛勤劳动和超凡智慧。同时导师言传身教、宽严有度、循循善诱的为教风范，和求真务实、亲力亲为、勤奋严谨的治学态度，给我留下了深刻的印记，成为我今后继续从事教学和科研工作的宝贵财富。在此，表示我由衷的敬意和深深的感谢！

其次，在课题的选题论证、开题、调查和论文撰写过程中，先后得到众多专家学者的指导、帮助和支持，他们包括清华大学仇军教授、李庆教授、于芬教授、刘波副教授，中国农业大学丁峰教授，上海交通大学孙麒麟教授、毛丽娟教授，复旦大学王方椽教授，上海体育学院平杰教授、吴贻刚教授、张宏杰教授、吴瑛教授、张林教授、肖焕禹教授、司虎克教授，等等。同时，在课题研究有关文献资料和数据的收集过程中，得到丁一、陈祥岩、徐新等同学的大力协助，他们的帮助和指导使我不断拓宽思路、深入进展，使论文得以顺利完成，在此一并表示我最真诚的感谢！

此外，还要感谢上海体育学院领导给予我继续学习深造的机会；感谢陪伴我工作的上海体育学院篮球教研室同事们的鼎力支持！

最后，感谢我的家人——我的父母、我的先生、我的女儿。感谢你们一路以来对我无微不至的关怀、鼓励和后勤保障，你们的爱是我努力奋斗前进的动力！

2023 年 10 月

参 考 文 献

［1］鲍明晓，李元伟．转变我国竞技体育发展方式的对策研究［J］．北京体育大学学报，2014（1）：9-23．

［2］鲍明晓．竞技体育在两种经济体制下运行特点分析［J］．体育科学，1998，18（1）：6-10．

［3］鲍勇，王元丰，杨正华．我国高校高水平运动队发展的若干问题与发展对策［J］．山东体育学院学报，2001（4）：67-70．

［4］曹青军．清华现象——关于高校办高水平运动队的历史回顾与思考［J］．中国学校体育，2006（9）：45-47．

［5］曹振康．关于体教结合与学校竞技体育的探讨［J］．湖北体育科技，2001，20（4）：14-16．

［6］陈道裕，周奕君，陈显健．"教体结合"培养高素质竞技体育后备人才的研究［J］．体育科学，2006，26（1）：82-85．

［7］陈军，邹荣霞．普通高校高水平运动员的现状和管理对策［J］．南京体育学院学报，2005，5（5）：21-22．

［8］陈思维．高校办高水平运动队的现状及创新发展模式［J］．武汉体育学院学报，2007，41（5）：93-96．

［9］陈松．我国高校高水平运动队演进阶段划分与发展趋势分析［J］．体育文化导刊，2018（1）：111-115．

［10］陈为群．我国高校高水平运动队竞技人才培养中存在问题的分析［J］．福建体育科技，2008（4）：34-38．

［11］陈伟强．中美大学体育竞赛的比较研究［D］．北京：北京体育大学，

2001.

[12] 陈希,梁竞文,彭庆文.近十年我国普通高校体育学科发展探析[J].体育科学,2005,25(12):3-6.

[13] 陈学华.高校单项体育俱乐部的建立和运作[J].体育与科学,1996(5):48-49.

[14] 陈颖川,吉建秋.高校篮球人才培养方式的现状与创新[J].江苏体育学刊,2001(6):126-128.

[15] 陈肇宪.论我国高校高水平运动队的结构及管理体制改革[J].西安体育学院学报,2002(19):14.

[16] 池建.关于"高校试办高水平运动队政策"的解析[J].天津体育学院学报,2003,18(4):75-77.

[17] 池建.论竞技体育与高等教育的结合[J].北京体育大学学报,2003,26(2):149-150+159.

[18] 池建.美国大学体育联合会的指导原则[J].中国体育科技,2003,39(3):17-19.

[19] 仇军.21 世纪大学体育的使命[J].清华大学学报(哲学社会科学),2002,17(4):81-86+94.

[20] 代刚,骆积强.高等学校高水平运动队建设的组织创新[J].福建体育科技,2007(6):41-43.

[21] 丁永玺."体教结合"与"教体结合"思辨[J].体育与科学,2008,29(3):62-64.

[22] 董进霞.新世纪我国高校体育工作的目标定位[J].北京体育大学学报,2004,27(4):508-510.

[23] 董静,董国永,郭敏.对我国当前形势下"体教结合"现状与发展的思考[J].安徽体育科技,2006(4):83-85.

[24] 窦海波,孙辉.我国高校高水平运动队发展问题及对策[J].体育文化导刊,2019(11):84-91.

[25] 杜力萍.高校高水平运动队的现状及发展对策研究[J].成都体育学院学报,2007(3):120-123.

[26] 冯建中.大力推进“体教结合”——在清华大学“体教结合:国家视野中的认识与行动”高层论坛上的发言[J].体育科学,2005(2):3.

[27] 郭蓓,姚颂平,平杰,等.上海市优秀运动员就读普通高校的现状与对策[J].上海体育学院学报,2005,29(5):15.

[28] 郭科明.高校竞技体育改革之一——对高校运动训练现状分析与发展思考[J].北京体育大学学报,2004,27(7):963-964+970.

[29] 国家体育总局干部培训中心.高水平运动训练与管理研究[M].北京:北京体育大学出版社,2007.

[30] 韩春利,孙晋海.我国高校体育教育人才资源开发与管理研究[J].体育科学,2001(4):47-48.

[31] 杭兰平.普通高校篮球队建设的现状与CUBA联赛的发展[J].四川体育科学,2002(1):65-68.

[32] 何志林.新形势下我国高校竞技体育现状及发展策略[J].上海体育学院学报,2009,33(9):74-76.

[33] 侯冠琳.系统WSR三维视野下的我国高校高水平运动队管理模式[J].沈阳体育学院学报,2007,8(4):37-39.

[34] 华洪兴.超越“路径依赖”谋求全面发展“体教结合”的探索与思考[J].体育科学,2006,26(6):75-78.

[35] 黄景东,林建华.完善和发展我国高校高水平运动队的理论探索[J].体育科学研究,2001,3(5):31-34.

[36] 黄桑波,李建国.后奥运时代我国“体教结合”模式调整探析[J].西安体育学院学报,2009,26(1):42-44.

[37] 黄香伯,周建梅.体教结合培养体育后备人才模式研究[J].武汉体育学院学报,2004(1):19-21.

[38] 江海燕,陈长庚.对我国竞技体育人才几种培养模式的认识[J].山东

体育学院学报，2005(1)：27-29.

[39] 教育部关于进一步加强普通高校高水平运动队建设实施意见[EB/OL].(2017-07-06)[2017-08-03]. http：//www. moe. edu. cn/srcsite/A17/moe_938/s3279/201707/t20170717_309431. html.

[40] 教育部、体育总局关于进一步完善和规范高校高水平运动队考试招生工作的指导意见[EB/OL].(2021-09-24)[2021-10-20]. http：//www. gov. cn/zhengce/zhengceku/2021-09/24/content_5639071.htm.

[41] 杰·科克利. 体育社会学——议题与争议[M]. 北京：清华大学出版社，2003.

[42] 金尧，胡烈刚. 浙江省普通高校高水平运动队现状的调查研究[J]. 浙江体育科学，2006(2)：88-90.

[43] 李安娜. 教育过程公平视角下的"教体结合"[J]. 体育学刊，2008，15(5)：58-60.

[44] 李红军，商勇，骆玉峰. 高校高水平运动队的建设与可持续发展[J]. 山东体育学院学报，2008(9)：85-87.

[45] 李宏图. 对高校试办高水平运动队若干问题的思考[J]. 成都体育学院学报，2002(3)：45-47.

[46] 李鸿江，李颖川，王守恒，等. 北京市优秀运动员文化教育模式的研究[J]. 首都体育学院学报，2004，16(3)：59.

[47] 李惠玲，张春美. 建立高校课外体育活动的新模式——体育俱乐部初探[J]. 体育学刊，1999(2)：9-10.

[48] 李杰凯. 我国优秀运动员文化教育现实问题及改革的建议[J]. 沈阳体育学院学报，2002，21(3)：1-4.

[49] 李善华. 学校体育落实体教结合的发展对策研究[J]. 四川体育科学，2005(4)：135-137.

[50] 李仕美. 普通高校试办高水平运动队价值目标的重新定位及发展对

策研究[J]. 山东体育学院学报,2006,22(2):106-109.

[51] 李颂华. 山东省普通高校高水平运动员学籍管理的现状问题与改革对策[J]. 北京体育大学学报,2000,23(2):162-163.

[52] 李艳翎. 论我国竞技体育体制的渐进式改革[J]. 体育科学,2002(1):27-30.

[53] 李正贤. CUBA 联赛与 NCAA 联赛的比较研究[J]. 安徽体育科技,2003(3):16-18.

[54] 梁晓龙. 当代中国体育若干基本理论问题[M]. 北京:人民体育出版社,2003.

[55] 林登宝. 对全国普通高校试办高水平运动队的回顾与思考[J]. 北京体育大学学报,2004(1):108-109.

[56] 林立. 论科学发展观视角下的体教结合[J]. 体育科学研究,2005,12(9):84-88.

[57] 凌平,张柱. 关于美国高校招收学生运动员管理制度的研究[J]. 山东体育学院学报,2002,18(3):15-19.

[58] 刘波,王松,陈颇,等. 当前体教融合的研究动态与未来展望[J]. 北京体育大学学报,2021,44(1):10-17.

[59] 刘波. 德国体育俱乐部体制与学校体育关系的研究[J]. 体育与科学,2008,29(1):88-93.

[60] 刘高福,徐玖平,程其练,等. 关于我国高校办高水平运动队的思考[J]. 吉林体育学院学报,2004(1):4-6.

[61] 刘海元,展恩燕. 对贯彻落实《关于深化体教融合促进青少年健康发展的意见》的思考[J]. 体育学刊,2020,27(6):1-11.

[62] 刘海元. 当前加强普通高等学校高水平运动队建设的若干问题探讨[J]. 首都体育学院学报,2018,30(5):422-427.

[63] 刘向. 校企联合办高水平运动队的制约因素及对策[J]. 上海体育学院学报,2008(7):81-84.

[64] 刘振卿,慕勇青,邓雪震,等.高校高水平运动队管理研究[J].山西体育科技,2010(4):41-44.

[65] 卢黎东.我国高校高水平运动队发展研究[J].体育文化导刊,2008(10):87-89.

[66] 卢文云.迈向体育强国我国竞技体育发展面临的问题与对策[J].沈阳体育学院学报,2020,39(2):75-81+107.

[67] 卢晓凌.上海市社会力量培养体育后备人才模式研究[D].上海:上海体育学院,2020.

[68] 卢元镇.中国体育社会学[M].北京:北京体育大学出版社,1996.

[69] 路雪雁,冀虹.高校运动队不可行研究[J].体育文化导刊,2002(4):64-65.

[70] 马德浩.新时代我国高校体育发展的使命、挑战与对策[J].体育学刊,2018,25(5):5-12.

[71] 马宣建.我国体教结合政策的形成与发展研究[J].上海体育学院学报,2005,29(2):1-4.

[72] 马兆明.我国普通高校高水平运动队转轨改制研究[J].沈阳体育学院学报,2016,35(1):97-102.

[73] 马志和,张林,郭培,等.国外教育系统培养竞技体育后备人才的共性经验及其启示[J].上海体育学院学报,2005,29(1):19-21.

[74] 毛伟胜.中美高校高水平运动队发展的比较研究[D].上海:华东师范大学,2006.

[75] 苗向军.山东省普通高校高水平篮球队发展制约因素及应对策略研究[J].山东体育学院学报,2001(3):84-86.

[76] 裴永杰.普通高校办高水平运动队的若干问题的探讨[J].体育学刊,2001,8(4):2-3.

[77] 彭庆文,陈伟强.普通高校高水平运动队项目布局现状及发展探析[J].北京体育大学学报,2007,30(7):951-954.

[78] 彭庆文.当代中国大学体育实践的新动向与基本理论问题研究的视角转移[J].北京体育大学学报,2008,31(5):651-653.

[79] 曲宗湖.跨世纪我国高校体育发展战略与对策研究[J].北京体育大学学报,1999(1):1-8.

[80] 冉强辉,郭修金.上海市"体教结合"运行现状与对策的研究[J].成都体育学院学报,2006,32(1):61-64.

[81] 上官戒,易小坚,孙洪涛.普通高等学校高水平运动队学分制实施现状与对策[J].体育学刊,2006,13(5):79-81.

[82] 沈达政,李广存,韩新英.中美高校高水平运动队管理模式的比较研究[J].体育科技文献通报,2008(7):116-117.

[83] 石颖,杨学军.上海高校高水平运动队的现状及对策[J].中国体育教练员,2005(4):28-29.

[84] 宋广林,孙健.优秀田径运动员竞技年龄的特征[J].体育学刊,2006(7):10.

[85] 宋广林,张天德.普通高校高水平田径运动员成绩滞后原因剖析[J].北京体育大学学报,2001,24(1):140-142.

[86] 宋继新.论我国高水平竞技运动与高等体育教育的新结合[J].体育科学,1997,17(6):8-11.

[87] 宋镇震.从CUBA与NCAA比较谈高校高水平运动队的发展对策[J].上海体育学院学报,2003(5):59-62.

[88] 宋终贤.近15年来高校竞技体育的发展与不足[J].体育学刊,2001,8(4):2.

[89] 孙晓春,贡鹃.中国普通高校建立运动俱乐部可行性的研究[J].体育学刊,1995(4):74-77.

[90] 谭继业.我国高校高水平运动队现状分析与发展对策研究[D].南京:南京师范大学,2007.

[91] 谭智平,徐国正.高校运动队管理探索[M].长沙:湖南大学出版社,

2009.
[92] 唐仁基.关于我国高校高水平运动队优化模式的思考[J].体育学刊，1995,2(4)：78.
[93] 唐智明.我国高校高水平运动队系统运行机制及改革与发展思考[J].北京体育大学学报，2007,30(1)：87-89.
[94] 体教结合——国家视野中的认识与行动[N].中国体育报，2004-3-11(06).
[95] 田建君.中国高等学校高水平运动队建设[M].长春：吉林文史出版社，2006.
[96] 田麦久.运动训练学[M].北京：人民体育出版社，2000.
[97] 王保成，周志雄，王川，等.北京市竞技体育可持续发展战略研究[J].体育科学，2005(7)：9-15.
[98] 王波.中美高校高水平运动队管理因素比较研究[J].体育科学，2000(4)：15-22.
[99] 王彩平，曹景川.我国高校高水平运动队发展困境和应对策略[J].成都体育学院学报，2009(8)：40-42.
[100] 王光军，马小平.对中、美高校高水平运动队管理的比较研究[J].首都体育学院学报，2006(3)：21-23.
[101] 王辉，顾剑平.新时期我国普通高校高水平运动队发展探讨[J].成都体育学院学报，2005(6)：72-74.
[102] 王家力.高校办高水平运动队现状分析[J].体育文化导刊，2011(9)：98-101.
[103] 王建军.高校高水平运动队教练员管理素质的分析[J].中国体育科技，2001(37)：33-34.
[104] 王晓红.论高校运动俱乐部的地位和作用[J].体育学刊，1999(6)：123-124.
[105] 王晓贞，曹原.论我国大学竞技体育的可持续发展[J].山东体育学

院学报,2003(3)：75-78.

[106] 王亚宁.我国竞技体育后备人才市场与宏观调控机制[J].上海体育学院学报,2001(1)：6-10.

[107] 王永盛,缑小燕,马宪英.中国、美国大学高水平运动员培养的比较[J].北京体育大学学报,1998,21(3)：5-8.

[108] 王勇刚.对我国高校高水平运动队建设的探讨[J].哈尔滨体育学院学报,2008(6)：117-118.

[109] 王正伦.体教结合辨析——高校办高水平运动队的新视野[J].体育文化导刊,2005(1)：19-21.

[110] 韦朝贵,余学好,张春合.社会转型时期高校竞技体育发展及演进态势分析[J].体育与科学,2010,31(7)：102-104.

[111] 魏四成.论高校运动队的管理[J].武汉体育学院学报,1997,31(4)：68-69.

[112] 吴杰,吕小峰.论大学高水平运动队的"一条龙"训练网[J].西安体育学院学报,2002(19)：142-143.

[113] 席亚民.管理研究[M].北京：机械工业出版社,2000.

[114] 肖林鹏.体育管理学[M].北京：北京师范大学出版社,2011.

[115] 谢雪峰.多维视野中的竞技体育特征[J].体育科学,2008,28(5)：74-80.

[116] 谢英.21世纪初我国竞技体育管理体制与运行机制研究[J].西安体育学院学报,2002,19(4)：11-14.

[117] 熊晓正,夏思永,唐炎,等.我国竞技体育发展模式的研究[M].北京：人民体育出版社,2008.

[118] 徐持忍.上海市高校试办高水平运动队的现状及对策[J].上海体育学院学报,2006(4)：32-34.

[119] 徐莉.高校竞技体育发展进程中一些现象的质疑与求索[J].北京体育大学学报,2010,33(6)：84-86.

［120］颜天民．竞技体育的价值研究［J］．体育科学，2000，20（1）：26－28．

［121］颜雅珍，程克强．“体教结合”工作必要性之研究［J］．体育科研，2000，21（3）：5－7．

［122］杨桦，孙淑惠，舒为平，等．坚持和进一步完善我国竞技体育举国体制的研究［J］．北京体育大学学报，2004，27（5）：577－582．

［123］杨吉春，徐晓东．高校高水平运动队现状分析及发展对策初探［J］．首都体育学院学报，2003，15（4）：65－67．

［124］杨马华．对高校办高水平运动队所谓“优势”的反思［J］．山西师大体育学院学报，2009（9）：120－122．

［125］杨蒙蒙，吴贻刚．竞技体育后备人才培养中政府与社会力量合作博弈分析［J］．体育文化导刊，2019（1）：11－16．

［126］杨施近．现代管理学原理［M］．北京：经济科学出版社，1996．

［127］杨铁黎，陈均．学校课余训练改革新视野［M］．北京：北京体育大学出版社，2003．

［128］姚建军，陆颖，尹天安，等．北京市普通高校高水平运动队综合评价指标体系研究［J］．北京体育大学学报，2007，3（3）：35－38．

［129］姚毓武，张大为．我国高校体育俱乐部研究综述［J］．天津体育学院学报，2000（9）：34－37．

［130］于芬．对高水平学生运动员培养体系的探讨——清华大学跳水队实证研究［J］．北京体育大学学报，2008，31（3）：327－332．

［131］于芬．我国普通高校高水平运动队运动训练科学化的探索［J］．武汉体育学院学报，2003，37（5）：64－69．

［132］曾吉，黄厚新，蔡仲林．我国普通高校办高水平运动队 20 年回顾与展望［J］．体育学刊，2007，14（6）：79－82．

［133］曾昭艳．高校高水平运动队与专业队差异的比较分析［J］．中国学校体育，2002（1）：34－36．

［134］曾子松．我国高校高水平运动队管理体系研究［J］．湖北体育科技，

2001(2)：5-7.

[135] 张春合，彭庆文. 社会转型时期高校高水平运动队建设的负面效应调查研究[J]. 北京体育学院学报，2009，32(1)：95-98.

[136] 张春合. 我国高校高水平运动队建设影响因素的调查分析[J]. 体育学刊，2017，24(1)：128-132.

[137] 张春合. 我国师范院校高水平田径运动队发展现状及对策研究[J]. 河北体育学院学报，2008，22(1)：54-57.

[138] 张凤珍. 我国竞技体育后备人才培养体制的现状分析及对策[J]. 体育与科学，2008，29(2)：69-71.

[139] 张浩，吴冶. 高校高水平运动队管理政策现状研究[J]. 北京体育大学学报，2010，33(2)：31-34.

[140] 张化君. 中美高校体育运动竞赛管理体制的比较[J]. 山西师大体育学院学报，2002(3)：23-25.

[141] 张军，龙明，陈红辉，等. 高校试办高水平运动队的优势分析[J]. 体育学刊，2000，7(2)：113-114.

[142] 张军，叶敬春，龙明. 对我国普通高校试办高水平运动队的再认识[J]. 体育学刊，2000，7(5)：96-99.

[143] 张军平. 湖北省高校高水平运动队建设现状及对策研究[J]. 武汉体育学院学报，2006(6)：85-87.

[144] 张平. 中美普通高校培养高水平运动员的比较研究[D]. 北京：北京体育大学，1998.

[145] 张瑞林，黄晓明. 新时期我国普通高校高水平运动建设所存在的问题及对策[J]. 西安体育学院学报，2008(1)：1-3.

[146] 张雄. 美国高等教育中"体教融合"模式初探[J]. 江苏高教，2012(3)：154-155.

[147] 赵志坚. 中美高校竞技体育管理体制的比较研究[D]. 北京：北京体育大学，2000.

[148] 郑建岳,李建设.对普通高等学校办高水平运动队的回顾与探讨[J].体育文化导刊,2003(2):55-57.

[149] 郑建岳,周奕君.大学高水平运动队管理方案优化的研究[J].体育文化导刊,2006(12):60-63.

[150] 郑建岳,庄永达.普通高校课余运动训练管理模式的研究[J].体育文化导刊,2004(2):51-53.

[151] 郑婕,陈志伟.体教结合的内涵解析[J].成都体育学院学报,2006(1):66-68.

[152] 钟秉枢.社会转型期我国竞技体育后备人才培养及可持续发展[M].北京:北京体育大学出版社,2003.

[153] 钟秉枢.体教融合背景下青少年体育赛事体系完善的路径研究[J].体育学研究,2020,34(5):13-20.

[154] 钟秉枢.我国高等体育院校运动训练的历史回顾[J].北京体育大学学报,2001,16(2):205-207.

[155] 周福贵,付安国.浅谈体育俱乐部在高校群体活动中的地位和作用[J].体育学刊,1999(3):98-100.

[156] 朱萍,李传发,王美逸.试办高水平运动队的回顾与展望[J].中国学校体育,1998(1):42-45.

[157] Gowan G A, Pines D, Meltzer D. Complexity: Metaphors, Models, and Reality [M]. Boulder: Westview Press,1994.

[158] Milne G, Sutton W, McDonald M. Niche Analysis: A Strategic Measurement Tool for Managers[J]. Sport Marketing Quarterly, 1996,5 (3): 17-21.

[159] Nelson M B . Stuck Between Interlocking Rings: Efforts to Resolve the Conflicting Demands Placed on Olympic National Governing Bodies[J]. Van,1993,20(4): 895-926.

[160] Schwartz S H W. Toward a psychological structure of human values

[J]. Journal of personality and social psychology, 1987(53): 550-562.

[161] Thompson K, Gaston K J, Band S R. Range size dispersal and niche breadth in the herbaceous flora of central England[J]. Ecology, 1999(87): 155-158.

[162] Tang X J. Towards Meta-synthetic Support to Unstructured Problem Solving [J]. International Journal of Information Technology & Decision Making, 2007, 6 (3): 491-508.